東京ミステリー

縄文から現代までの謎解き1万年史

戸矢 学
TOYA MANABU

かざひの文庫

はじめに

「東京には空がない」と言ったのは
智恵子さん（高村光太郎の奥さん）でしたが、
もっと驚くような史実が、実は東京にはたくさんあります
（あるいは、あるはずのものがないのです）。
そんな〝あなたの知らない〟東京の
本当の姿を、お教えしましょう。
古くは縄文時代、その後も各時代ごとに
いろいろな秘密があります。

しかも、その多くは現在の東京に深く関わっているのです。
縄文時代の東京や、平安時代の東京が、
今も私たちの知っている東京にちゃんとあるのです。
あるものはわくわくする**魅力的な秘密**であり、
またあるものは身も凍るような恐ろしい秘密です。
ミステリー物語やホラー物語のように、
どうぞ楽しんでください。
でも、こちらは、**すべて事実**なんですけどね。

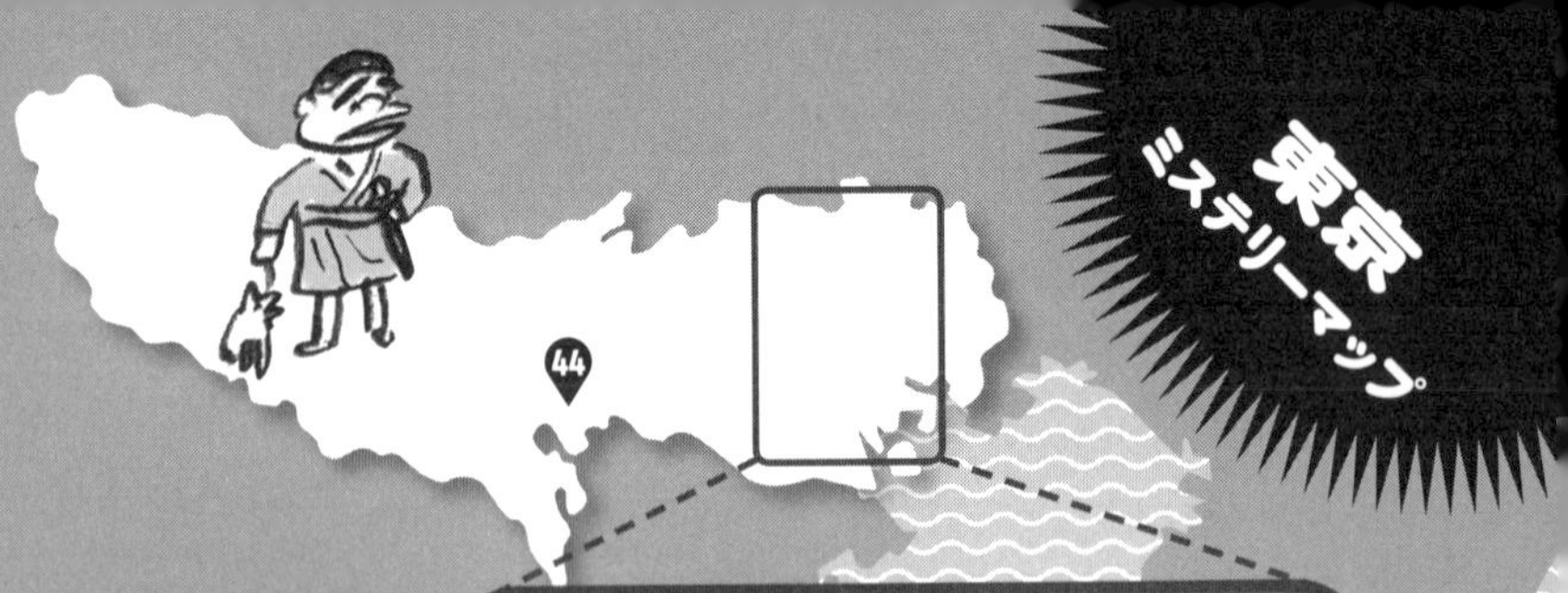

1 赤羽八幡神社
2 香取神社
3 八雲神社
4 十条冨士神社
5 王子稲荷神社
6 王子神社
7 七社神社
8 平塚神社
9 中里貝塚
10 六義園
11 駒込冨士神社
12 目赤不動尊
13 諏方神社
14 寛永寺
15 根津神社
16 弥生二丁目遺跡
17 上野東照宮
18 湯島天神
19 妻恋神社
20 神田明神
21 柳森神社
22 鷲神社
23 浅草神社
24 吾嬬神社
25 鳥越神社
26 第六天榊神社
27 筑土八幡神社
28 筑土神社
29 将門首塚
30 日本橋
31 富岡八幡宮
32 吹上御所
33 花園神社
34 明治神宮
35 東郷神社
36 乃木神社
37 日枝神社
38 愛宕神社
39 増上寺
40 目青不動堂
41 大鳥神社
42 目黒不動尊
43 大森貝塚遺跡庭園
44 大國魂神社

日本ミステリーマップ

1. 三内丸山遺跡
2. 日光東照宮
3. 水戸市
4. 筑波山
5. 鹿島神宮
6. 國王神社
7. 延命院
8. 成田山新勝寺
9. 稲荷山古墳
10. 世良田東照宮
11. 中山神社
12. 氷川神社
13. 氷川女体神社
14. 鹿野山
15. 嶺岡山浅間
16. 鶴岡八幡宮
17. 大山
18. 冨士御室浅間神社本宮
19. 富士山
20. 久能山東照宮
21. 浅間山
22. 諏訪大社
23. 砥鹿神社
24. 岡崎城跡
25. 熱田神宮
26. 伊勢神宮
27. 八坂神社
28. 丹波亀山城跡
29. 石清水八幡宮
30. 大神神社
31. 丹生都比賣神社
32. 熊野本宮大社
33. 熊野速玉大社
34. 熊野那智大社
35. 伊太祁曾神社
36. 日前神宮
37. 大麻比古神社
38. 吉備津神社
39. 大山祇神社
40. 阿蘇神社
41. 新田神社

もくじ

縄文時代 1

5000年前、浅草は海だった

弥生貝塚が本郷台地にある不思議

埼玉までのびる東京湾

縄文時代、東京の下町[1]は存在していませんでした。

「下町」という呼び名は近代のものですから、もちろん存在しませんが、**皆さんがご存知の下町、浅草とか向島、千住、本所など、江戸っ子に親しみのある地域は、実は「海」だったのです。**それも、ほんの5000年くらい前のことです。

次のページの図で示しているグレーの部分は、当時すべて「海」です。東京湾は、埼玉県のさいたま市や川越市まで入っていて、考古学では「奥東京湾」とか「古東京湾」などと呼んでいます。

では、どうしてこんなことになっていたのでしょう？

答えは明快です。海面が現在よりも約5メートル高かったのです。この現象を「縄文海進」[2]と呼んでいます。縄文時代[3]は現在よりも暖かくて、そのために海水面が高かったのです。

[1] **東京の下町**
「山の手」の対語。山の手エリア（武蔵野台地の東端エリア。現在の千代田区、文京区、新宿区、北区あたりの台地）の東側に広がる低地を指し、もともとは浅草・下谷・神田・日本橋・京橋・本所・深川などの地域のこと（現在の千代田・中央・港・台東・江東・墨田の各区の低地部）。時代とともに墨田川の東側エリアや北側にも範囲が広がり、現在では足立・葛飾・江戸川・北・荒川の各区を含めていわれることもある。赤羽から品川を結ぶ京浜東北線を境として、その東方に広がる低地がそのエリアといえる。

5000年前の関東地方の海岸線と貝塚

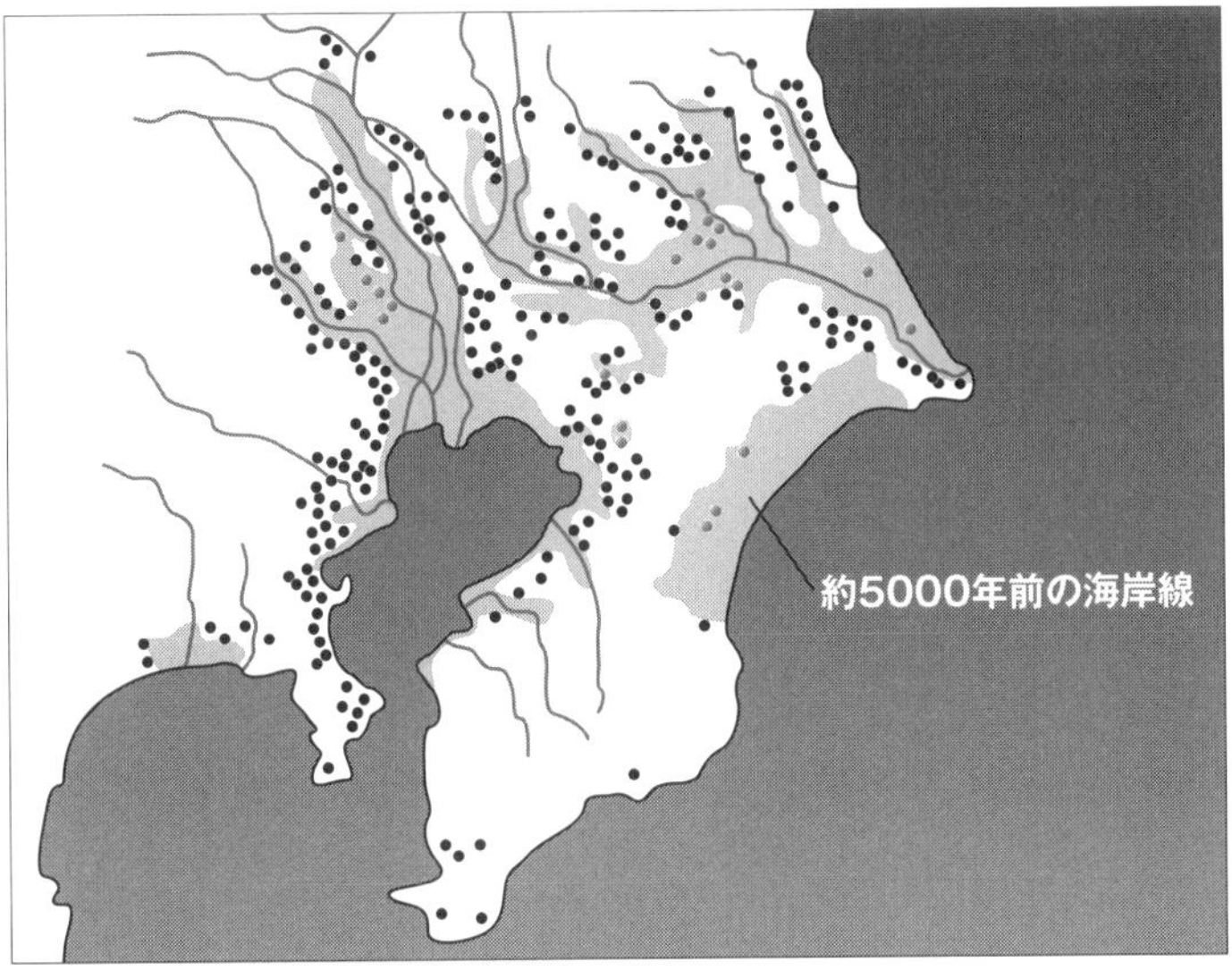

約5000年前の海岸線と貝塚の場所です。白い部分が陸地でグレーの部分が海、黒い点が貝塚です。海岸線に沿って貝塚が並んでいるのがはっきりわかります。

土地の隆起や、その反対の沈下などの影響が大きい地域もありますが、縄文海進は、おおむね地球規模の自然現象です。5000年前には、海が内陸に入りこんでいて、陸地は今より狭くなっていたのです。

埼玉県の県南地域の市街地は、現在でも海抜5メートル前後のところが多いので、もし海水面が今より5メートル以上上がるとするならば、その一帯は水没します。

東京都内の下町地域では、荒川流域や隅田川流域、江戸川流域など、よく知られているように、海抜ゼロメートル地帯が広がっています。江戸川区、墨田区、江東区、葛飾区などの中の河川両岸地域です。

足立税務署、足立学園高校などがある北千住駅の東側地区、墨田中学、本所高校などがある東向島地区、亀戸天神で有名な亀戸地区、亀有、綾瀬などの隅田川東側地域は、ほとんどが海抜ゼロメートルです（なおこれらの隣接地区でも、すみだ北斎美術館・両国高校などがある両国地区は海抜1メートル。人気の月島は

●2
縄文海進
氷期の最盛期（1万8000年前）が過ぎて地球が温暖化に向かい、氷河が縮小することによって海面が上昇。その結果、陸地が海の進入（海進）を受けた。東京の低地である有楽町の層で調査研究されたことから「有楽町海進」ともいう。調査の結果、場所によっては10メートル以上の上昇があったことがわかった。

●3
縄文時代
新石器時代から弥生時代の間の時代。約1万5000年前から2300年前頃といわれる。その時期区分は、草創期（約1万5000・1万2000年前）、早期（約1万2０

1~2メートル。鷲《おおとり》神社境内、浅草寺境内、雷門など隅田川西側の浅草地域はほとんどが海抜2メートルです。豊洲地区は、芝浦工大周辺は3メートルほどありますが、豊洲市場は1メートルです）。

このあたりは、もともと荒川などの河口地帯ですから、砂州や湿地帯なので、歴史的にも半陸地的な地帯です。つまり、満潮時は海になりますが、干潮時には砂浜になるような、どこでも潮干狩りができる場所だったのです。

ちなみに、ゼロメートル地帯とは、満潮時の海面と高さが同じ地域のことです。そしてこの地域には、現在約150万人もの人たちが住んでいます。しかも、驚くべきことには、ゼロメートル以下、つまり満潮時の海面より低い地域が少なからず存在しますし、なかでも江戸川区、墨田区、江東区には干潮時の海水面よりさらに低い地域もあるのです。

京成立石地区や江戸川区役所などは海抜マイナス1メートル。満潮時には海水面より下になるのです！

00・7000年前）、前期（約7000・5500年前）、中期（約5500・4500年前）、後期（約4500・3300年前）、晩期（約3300・2800年前）となる。なお「縄文」という名称は、モースが大森貝塚を発掘した際に出土した土器を「Cord Marked Pottery」と呼び、それを訳したことによる。

え？　それでは街が水没してしまうじゃないか？　と思いますよね。

でもだいじょうぶ。これらの地域は頑丈で巨大な堤防によって守られています（さらに特別な防災のために順次、スーパー堤防●4に建て替えられています）。

このような地域ができてしまったのにはいくつかの理由があります。地盤沈下や海水面の上昇などです。しかし、東京都の東部に特に集中しているのは、それに加えて特別な理由があるからです。

それは、ここが干拓地・埋め立て地だからです。しかも、**江戸時代に徳川幕府によって埋め立てられたものなので、現在のように土木技術が発達していませんでした。そのため、ほとんどが海面ぎりぎりの埋め立てで、高波がくれば海水が被ってしまうような工事でした**（近年になっておこなわれた台場などの埋め立て地は、高さも構造もじゅうぶんに確保されているので、まったく心配はありません。埋め立て地なので、地震等による液状化などの現象はつきものですが）。

●4 **スーパー堤防**
国交省が１９８０年代に整備を始め、首都圏、近畿圏の6河川で８７３キロ造る計画だったが、民主党政権の事業仕分けで「完成までに４００年、12兆円かかり無駄」と批判され、「いったん廃止」となった。２０１１年に５河川１２０キロに縮小された。このうち昨年度末までにできたのは、部分的完成を含めて12キロ。事業再開後の２０１３年度に北小岩１丁目など２カ所が新たな着工区間に選ばれたが、その後、新規の着工はない。江戸川区内では江戸川、荒川の約20キロで計画があり、これまでに2カ所で計2.5キロできている。（２０１６年3月21日

朝日新聞　朝刊　東京四域・1地方）

さて、前説が少し長めになりましたが、本題はここからです。

「昔は海だった」というだけでは今の私たちにはあまり関係ない話ですよね。でも実は、今の私たち、そしてこれからの私たちに直接関わる重大な問題がここには潜んでいるのです。

その秘密を教えてくれるのは、「貝塚」です。

縄文時代の遺跡である、あの「貝塚」。東京は、貝塚がとても多い地域なのですが、それは縄文時代に栄えていた証しであるとともに、時代を超えてとても重要なことを教えてくれる信号でもあるのです。

貝塚の場所が意味するもの

貝塚というのは、人々が魚介類を食べた後の貝殻のゴミ捨て場です。海産物がメインですから、当然海辺にあるはずです。

貝殻は腐敗しないし分解しないので（正確にはとても時間がかかるので）、数千年経っても残っているのです。おかげで、その当時の縄文人、つまり私たちの遠い祖先が何を食べていたのか、手がかりになるというわけですね（貝殻以外にも魚や動物の骨も出てきたりしますから）。

ですから考古学上は、とても重要な遺跡なのです。

大森貝塚（品川区・大田区）は特に有名ですね。皆さんも学校でいち早く勉強したので、名前には馴染みがあると思います。明治10（1877）年に来日したモース[5]という学者が発見・発掘したことで知られています。発見から発掘へのエピソードはなかなかドラマチックなので、興味のある方はぜひ関連書を読んでみてください。

なお、モースの発掘で大森貝塚からは、貝殻はもちろんですが、土器や土偶、鹿や鯨の骨などもたくさんみつかりました。つまり、東京の縄文人（後期〜晩期）の生活内容が初めて具体的にわかったのです。

●5 **モース**
エドワード・S・モース（1838–1925）。アメリカの動物学者。標本採集のために来日し、横浜駅から新橋駅へ向かう汽車の窓から貝塚を発見（大森貝塚）。東京大学のお雇い教授を2年間務める。大森貝塚を発掘し、日本の人類学、考古学の基礎をつくった。

大森貝塚

発掘がおこなわれたのは1877年9月から12月。日本初の学術的発掘で、そのため大森貝塚は「日本考古学発祥の地」と呼ばれています。その後も1984年と1993年に発掘調査がおこなわれ、住居址や土器・装身具・魚や動物の骨などが大量に見つかりました。大森貝塚遺跡庭園内には1929年に立てられた「大森貝塚碑」やモースの銅像や貝層の標本などがあり、縄文時代や大森貝塚について学習できるようになっています。

ここから日本の近代考古学は始まったと言っても過言ではありません。

その大森貝塚は、どんなところにあるかというと、これが実は海辺ではなく、高台にあるのです（海抜12メートル）。

私の住まいの地域（文京区）にもいくつかの貝塚が発見されていますが、なかでも代表的なものに動坂貝塚があります。動坂というように、ここは文京区内でも代表的な坂のひとつですが、貝塚であるならばその坂の一番下にありそうなものです。なにしろ、かつて坂の下は海辺だったのですから。

ところが、動坂貝塚は、坂の一番上にあるのです（海抜22メートル）。

東京の貝塚は京浜東北線に沿った帯状に南から北にかけてのみ存在しますが、いくつか紹介しておきましょう。

久ヶ原貝塚（大田区久が原／海抜17メートル）

東山貝塚（目黒区東山／海抜20メートル）

丸山貝塚（港区芝公園／海抜19メートル）
羽沢貝塚（渋谷区広尾／海抜25メートル）
旧本丸西貝塚（千代田区千代田／海抜26メートル）
小石川植物園内貝塚（文京区白山／海抜20メートル前後）
大蔵省印刷局内貝塚（北区西ヶ原／海抜20メートル）
染井墓地内貝塚（豊島区駒込／海抜23メートル）
赤塚城址貝塚（板橋区赤塚／海抜26メートル）

貝塚のある場所は、少なくとも水没していない場所ということになります。

冒頭で紹介したように、縄文海進では関東平野はかなり奥まで海になっていました。しかし貝塚があるということは、その時に浜辺（渚の陸地）であったことの証拠です。ならば、**今後もし温暖化が進んで、再び海面の上昇が起こっても、ここよりも上には海水は来ない**ということですね。

ちなみに、もし南海トラフ地震や首都直下型地震が起きたら、これらの貝塚遺跡へ逃げると良いと思います。なにしろ数千年間そこにそのまま残存してきたのですから地盤がしっかりしていますし、高台ですから津波に対してもだいじょうぶでしょう（東京湾の津波は太平洋岸ほど高くはなりません）。

〔縄文時代の水産加工工場？〕

なお、このようにほぼすべての貝塚は高台にありますが、例外もあります。中里貝塚[6]です。北区上中里の坂を降りきったところにあります。つまり、高台ではなく、文字通り浜辺なのです（海抜6〜9メートル）。

にもかかわらず、規模は貝塚としては最大級のもので、一般の貝塚とは様相がまったく異なります。南北100メートル以上、東西500メートル以上もの範囲におよび、しかも堆積の厚さは4・5メートル以上のところさえあります（こ

●6 **中里貝塚**
江戸時代から貝殻が大量に出土する「かきがら山」として知られ、明治19（1886）年に白井光太郎によって「中里村介塚」として初めて当時の学会に報告された。カキを養殖していたとすれば、これまで古代ローマに始まったとされていたカキ養殖の歴史が大幅に遡ることとなる。平成12（2000）年、国の史跡に指定。また、隣接する中里遺跡からはほぼ完全な形で約4700年前のものとされる丸木舟が発掘された。

の広大な遺跡は、現在はＪＲ東日本の操車場になっています）。

これは、貝塚の一般概念とまったく異なるものです。貝塚というものは、言うまでもなく縄文集落の自給自足を証明する遺跡なのですが、中里貝塚はそれとは別の次元のことを示唆しています。

それは、生産加工業です。

この近隣には、それだけ大量の貝を必要とする大規模な集落は存在しません。そもそも、そのように大規模な集落は、縄文時代にはどこにも存在しないでしょう。そしておそらく、ここでは数十人から数百人規模の人たちが働いており、それは自給自足の生活とは次元の異なるものなのです。

中里貝塚の調査研究はまだ不十分ですが、縄文時代の人々の暮らしというもののイメージが、ここから大きく変わるかもしれませんね。縄文人が、単に素朴で原始的な生活をしていたと思ったら大間違いで、この事実だけでも、**加工生産から、流通交易がすでにおこなわれていたた**と理解できるのですから。

ここまでの話で、勘のいい読者はすでに気付いておられると思いますが、貝塚は（例外は別として）すべてが高台にあります。そこには同時に、集落もありました。

11ページの図をご覧になると、よくわかりますね。すべてが当時は海辺にありますよね。その眼下には、海が広がっていたのです。

本郷台地にある弥生町貝塚[7]（弥生二丁目遺跡／海抜15メートル）も、そのすぐ下は海でした。動坂上の動坂貝塚も、その坂下は海でした。例外的な中里貝塚でも、浜辺です。

そしてこの海（古東京湾）は、先述したように、埼玉県の川越や大宮まで広がっていたのです。その後、地球の寒冷化が進んで、海は後退して、現在のようになりました。

しかしその差は、わずか数メートルです。

●7
弥生町貝塚
文京区弥生に存在した縄文時代と弥生時代の複合遺跡。明治17（1884）年にこのあたりの貝層から縄文土器とは異なる壺型土器が発見され、弥生式土器と名付けられた。ここから弥生文化、弥生時代などの名称が生まれた。十分な記録が存在しないままに開発が進行し、土器の出土場所や貝塚の位置も確定できなくなってしまったが、昭和49（1974）年に地元の小学生が東京大学の敷地内の倒木の根元から土器や貝殻を採集し、遺跡の存在が明らかになり国の指定遺跡となった。

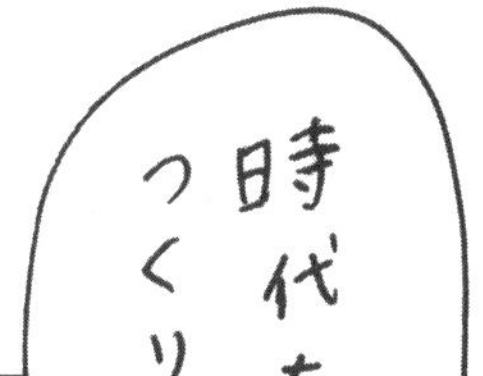

弥生式土器発掘ゆかりの地

弥生式土器は文京区弥生で発見されたので「弥生式土器」と名付けられました。この記念碑は東京大学の工学部と農学部の境の言問通り沿いに昭和61年に建てられたもの。最初に発見された場所ははっきりと確定できないため「発掘の地」ではなく「発掘ゆかりの地」となっています。現在は「弥生式土器」ではなく「弥生土器」の名称が一般化しています。

つまり、再び海水面が数メートル高くなると、東京は上野の駅の前（海抜4メートル）まで海になります。下町は、大半が水没します。埼玉県は、さいたま市や川越市の南部まで海になります。縄文海進と同じ現象が、再び起きるのです。

夏は年々暑くなっており、平均気温は上がっています。私が子供の頃は30度を超えると大騒ぎでしたが、今はなんと40度です！（わが故郷の熊谷では、41・1度などという不名誉な記録を打ち立ててしまいました）

三内丸山遺跡[8]という大規模な縄文集落が青森県にあったのはなぜでしょう？

答えは簡単です。縄文時代には、青森は暖かく住みやすい環境だったからなのです。

青森が温暖だということは、きっとその頃の東京は、さぞ暑かったことでしょう。いったい何度くらいあったんでしょうね？

●8 **三内丸山遺跡**
青森県青森市大字三内字丸山にある、縄文時代前期から中期（約5500〜4000年前）の大規模集落跡。約1500年にわたってこの地で人が定住していたと推測される。広さは42ヘクタール。沖館川右岸の標高約20メートルの河岸段丘上に立地する。これまでの縄文時代の常識を覆すものが続々と発掘され、平成12（2000）年に国の特別史跡に指定された。

縄文時代 2

東京沈没のリアリティー

上野・赤羽断層に立ち並ぶ神社が示す大災害

東京の東部地域は海

縄文海進のピークはおよそ6000年前頃で、5000年前でも東京の東部は海でした。とはいうものの、

「縄文時代の話をされても実感がわかない」

という読者も少なくないでしょう。

では、次のページの地図をご覧ください。これは現在の東京です。皆さんお馴染みの地形ですよね。

この地図は、「デジタル標高地形図」というもので、国土交通省・国土地理院が「航空レーザ測量によって整備した『数値地図5mメッシュ（標高）』の標高データを用いて作成した陰影段彩図の上に、2万5千分の1地形図を重ねた地図です。この図は、詳細な地形の起伏がカラー表示されており、地形の特徴を直感的に理解することができます。」（国土交通省　国土地理院）としています。

デジタル標高地形図

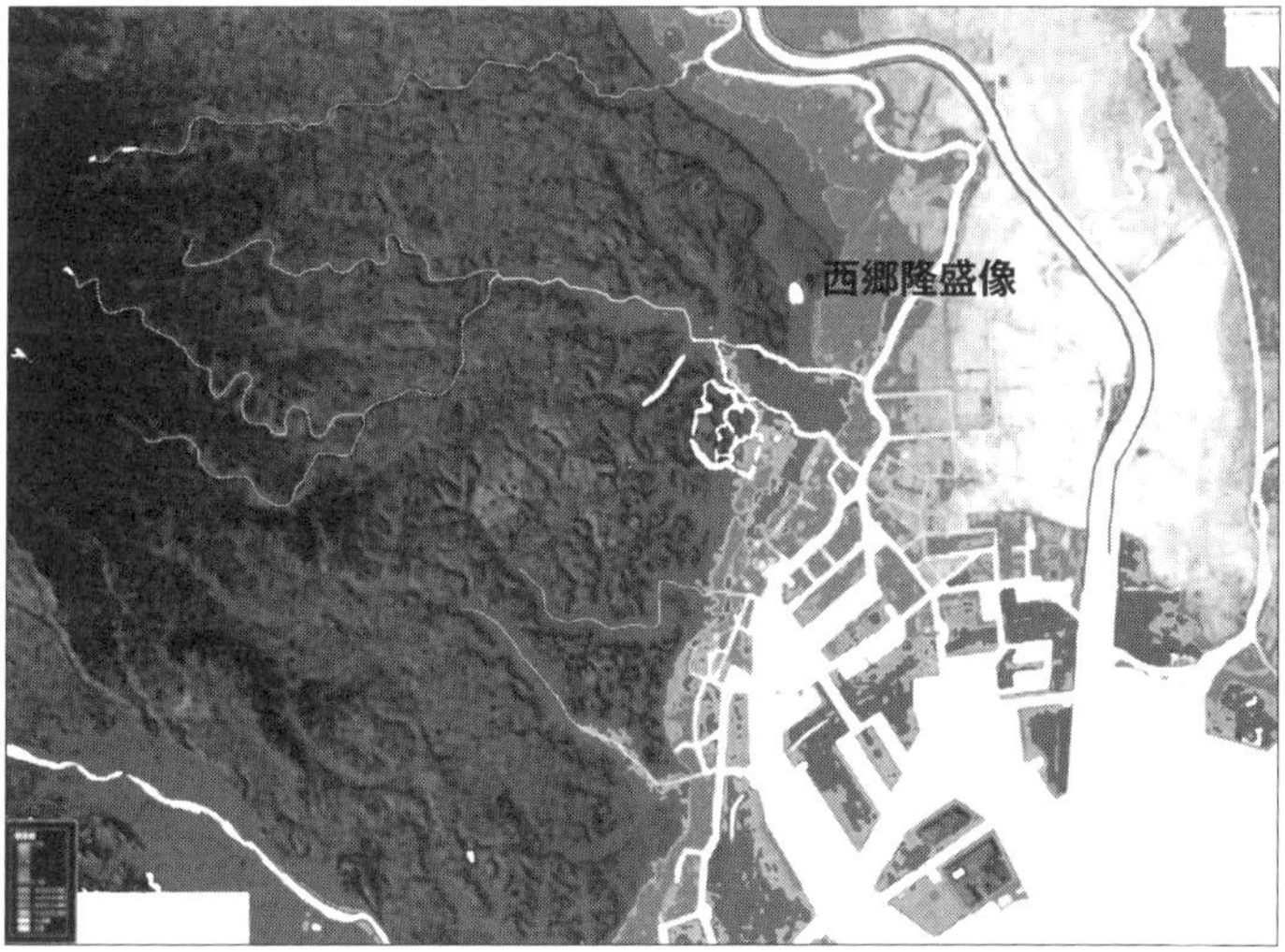

色が濃くなっているところが標高の高いところです。東京が武蔵野台地の東端にあるんだということがよくわかります。台地の東側がいわゆる下町です。実際に台地の下にある町なんですね。京浜東北線はこの台地の端に沿って走っています。カラーで見るともっと面白いので興味のある方は国土地理院のホームページからご覧ください。

ここに紹介したのは「東京都区部」のものですが、国土地理院のホームページから誰でも閲覧できますし、プリント版を購入もできます。

わが家では、世界地図、日本地図のほかには、これだけが壁に貼ってあります。そして日々、地元の地形を認識するようにしています。そして、その認識とは、**東京の東部地域は海**だということなのです。

つまり、縄文海進は昔話などではなくて、現実なのです。

前章で、貝塚のあるところは地球が温暖化して海面が上昇しても水没しないと指摘しました。ただ、そうなると、その逆も言えますよね。貝塚より下の地域は、もし海面が数メートル上昇すると水没することになるわけですから。

「デジタル標高地形図」をもう一度ご覧ください。貝塚は、すべて武蔵野台地の丘の上の部分にあります（ホームページの地図で見ると黄色い部分です）。地形は正直ですね。5000年経ってもその基本的な造形は変わっていないのです。

ひときわ太い河川が荒川です。その両岸はグレーのラインで縁取られていますが、これは堤防です。かなりの幅があることがわかります。そして、その東西に広がる白い地域は、一見海のようですが、もちろん海ではありません。おおぜいの人々が暮らしている街です。西側に荒川区、墨田区、江東区、東側に足立区、葛飾区、江戸川区が広がっています。前章で紹介しましたが、ここがいわゆるゼロメートル地帯で、総計すると150万人以上の人が住んでいるのです。

ちなみに、ゼロメートル地帯は東京だけではありません。千葉県の浦安市や神奈川県の川崎市にも一部存在します。また、愛知県濃尾平野のいくつかの地区、岐阜県海津市、三重県桑名市、大阪府大阪市のいくつかの地区、兵庫県尼崎市南部、西宮市南東部、佐賀平野の一部なども同様です。

外国でもオランダを始めとして、ゼロメートル地域は少なからずありますが、本書では割愛します。

神社が鎮座する場所とは

強力な風水によって繁栄し殷賑《いんしん》を極めてきた江戸・東京ですが、定期的に大地震に襲われています。

江戸は、強力な風水術によって建設された街ですが、いかなる風水法も、さすがに大自然に逆らうことはできません。風水は、もともと大自然の脈動に沿い従うことですから、当然と言えば当然です。

現在も、東京ないしは関東中南部に、直下型の大規模地震が起きるであろうことは度々警告されています。ただ、それがいつなのか誰にも予測ができない……ということになっています。

ちなみに、**古社の鎮座する場所は、天変地異とはほとんど無縁です。かつて日本民族はこのような〝聖地〟を見出す能力を保有していました。**道教・風水の輸入される以前のことです。そしてそこに神を祀ったのです。

そのような地点が見出されたのは縄文時代のことです。当初は岩か樹木か丘を拝礼するだけのことだったことでしょう。そしてやがて、そこに素朴な信仰施設が設けられるようになったと思われます。施設は時代の経過にともなって、次第に立派になっていきます。

現在古社が祀られている場所はそういう場所です。古社の中でも『延喜式神名帳《えんぎしきじんみょうちょう》』●1に記録されているような延喜式内社の本殿が、これまで地震で倒壊したことはありません（拝殿は時々倒壊します。それを何かの「予兆」ととらえる人もいます）。つまり、少なくとも千数百年間は安泰だったということです。

この事実は何よりの証明でしょう。風水ではその地理的ポイントがすべて龍穴《りゅうけつ》●2に当たるとされ、特別視されています。人の住むところではなく、神の住まうところであるとされます。

日本列島を東西に横断している断層ラインが中央構造帯ですが、この巨大な構

●1 **『延喜式神名帳』**
延長5（927）年にまとめられた全50巻にわたる格式（律令の保管のために出された法令のこと）を記した『延喜式』の巻九・十のことで、当時「官社」に指定されていた全国の神社一覧となっている。延喜式神名帳に記載された神社を「延喜式の内に記載された神社」の意味で延喜式内社、または単に式内社、式社という。

●2 **龍穴**
陰陽道や古代道教、風水における繁栄するとされている土地のこと。龍穴へ向かう流れを龍脈という。風水では大地の気が吹き上がる場所とされる。

造帯は、茨城県と千葉県の境目から、熊本県と鹿児島県の境目までつながっています。

このライン上に、東から順に、●3鹿島神宮→●4諏訪大社→●5砥鹿《とが》神社→●6伊勢神宮→●7丹《に》生都比売《うつひめ》神社→●8伊太祁曽《いたきそ》神社→●9日前《ひのくま》神宮・國懸《くにかかす》神宮→●10大麻比古《おおあさひこ》神社→●11阿蘇神社→●12新田神社があります。

ライン上に鎮座するこれらの古社大社は、伊勢を別として、すべて一宮●13です。つまり最も古くから日本人が崇敬してきた聖地なのです。これを単なる〝偶然〟と片付けることはできないでしょう。

そもそも「一宮」は、その由縁・謂われ自体が古すぎて実はよくわかっていません。そのため、明治時代には神祇省主導で、新たな神社制度として官国幣社制度を創設して指定し直すのですが、結局は古くからの「一宮」は失われずに残っています。

私は**「荒ぶる神を鎮めるために建っている」**と理解しています。つまり、地震

●3
鹿島神宮
茨城県鹿嶋市。祭神は武甕槌大神（たけみかづちのおおかみ）。常陸国一宮。全国に約600社ある鹿島神社の総本宮。

●4
諏訪大社
長野県諏訪市、茅野市、諏訪郡。祭神は建御名方神（たけみなかたのかみ）と八坂刀売神（やさかとめのかみ）。信濃国一宮。全国に約2万5000社ある諏訪神社の総本社。諏訪湖周辺の上社（本宮・前社）と下社（秋宮・春宮）の4社の総称。

●5
砥鹿神社
愛知県豊川市。祭神は大己貴命（おおなむちのみ

中央構造帯と神社

中央構造帯と一宮の位置を記した地図です。こうして見るとふたつの因果関係がはっきりわかりますね。一宮の由来ははっきりわかっていませんが、地震を鎮めるために建てられたのだとすれば、その創建ははるか古代に遡るでしょう。

を鎮めるためですね。ですから、もしもこれらの古社が倒壊するような大災害があるとすれば、それは少なくとも二千年ぶりのものになるはずです。

東京の断層に建つ神社

ところで東京には、日本屈指の大きな断層があります。

しかもそれは、**東京都区部の真ん中を真っ二つにしています。**デジタル標高地形図を見ると一目でわかりますよね。西郷隆盛の銅像が立っているところ（上野公園）が突端です。その南北ラインを境にして、東側は色が薄く、西側は色が濃くなっていますから、高低差がくっきり見えます。

おおまかに言うと、東側の低地地域が下町で、西側の台地地域が山手です。縄文海進でも紹介しましたから、かつて海と陸だった違いだとわかりますよね。


こと）。三河国一宮。

●6
伊勢神宮
三重県伊勢市。祭神は内宮が天照大御神（あまてらすおおみかみ）で外宮が豊受大御神（とようけおおみかみ）。正式名称は「神宮」で、これは内宮と外宮のほか伊勢周辺に分布する125社の総称。

●7
丹生都比売神社
和歌山県伊都郡。祭神は丹生都比売大神（にうつひめのおおかみ）、高野御子大神（たかのみこのおおかみ）、大食津比売大神（おおげつひめのおおかみ）、市杵島比売大神（いちきしまひめのおおかみ）。紀伊国一宮。全国に約180社ある丹生都比ではそもそも、地形がなぜこうなったのでしょうか。

海進の場合は、長い年月を掛けてゆるやかに海水面が上がってきますから、陸地の浸食が自然におこなわれます。なので、海岸はギザギザになります。いわゆるリアス式海岸というものですね。

これに対して、断層によってできた海岸は、縁取りがなめらかです。なにしろ、短時間でいきなり段差ができてしまうのですから、浸食している暇がないのです。

東京でその現象が最も目立つのが、上野赤羽断層です。断層の真下を崖に沿うように京浜東北線が走っていますから、ここが境目だと思っていただければ、おおよそあっています。

京浜東北線は、神奈川県横浜市の横浜駅から、東京都千代田区の東京駅を経由して、埼玉県さいたま市の大宮駅を結ぶＪＲ鉄道の通称です。海抜4～10メートルあたりの高さを走っています。

この路線の西側は、元々は切り立った断層崖なのですが、長い年月の間に様々

売神を祀る神社の総本社。

●8 **伊太祁曽神社**
和歌山県和歌山市。祭神は五十猛命（いたけるのみこと）。紀伊国一宮。もともとは現在の日前宮の場所にあった。

●9 **日前神宮・國懸神宮**
和歌山県和歌山市。ひとつの境内にふたつの神社があり日前宮（にちぜんぐう）とも呼ばれる。祭神は日前神宮が日前大神（ひのくまのおおかみ）、國懸神宮が國懸大神（くにかかすのおおかみ）。紀伊国一宮。紀伊国には一宮が3社ある。

な事情から視認できない場所も少なくありません。

それでも、上野の西郷さんが建っている地点から、埼玉県との境の荒川南岸である赤羽台までの区間は、一部を除いて、かなり原型をとどめています。

そして、この断層の上には、神社が点在しています。これらを線でつなぐと、そのまま断層ラインになります。南から順に列挙してみましょう。

▼愛宕《あたご》神社（港区愛宕山）海抜25メートル
▼神田明神（千代田区外神田）海抜21メートル
▼湯島天神（文京区湯島）海抜12メートル
▼上野東照宮（台東区上野公園）海抜12メートル
▼諏方神社（荒川区西日暮里／諏方台・道灌山）海抜20メートル
▼平塚神社（北区上中里）海抜20メートル
▼七社神社（北区西ヶ原／飛鳥山）海抜21メートル

●10 **大麻比古神社**
徳島県鳴門市。祭神は大麻比古神（おおあさひこのかみ）と猿田彦大神（さるたひこのおおかみ）。大麻比古大神とは天太玉命（あめのふとたまのみこと）のこと。阿波国一宮。

●11 **阿蘇神社**
熊本県阿蘇市。祭神は健磐龍命（たけいわたつのみこと）他11柱。肥後国一宮。全国に約450社ある「阿蘇神社」の総本社。

●12 **新田神社**
鹿児島県薩摩川内市。祭神は天津日高彦火瓊瓊杵尊（あまつひこひこほの

▼王子神社（北区王子本町）海抜14メートル
▼王子稲荷神社（北区岸町）海抜12メートル
▼富士神社（北区中十条）海抜23メートル
▼八雲神社（北区中十条）海抜21メートル
▼若宮八幡神社（北区中十条）海抜15メートル
▼香取神社（北区赤羽西）海抜20メートル
▼赤羽八幡神社（北区赤羽台）海抜15メートル

断層上の神社が持つ役割

地元の人にはそれぞれお馴染みの氏神様だと思いますが、一部だけ少し解説しておきましょう。

愛宕神社のある愛宕山は東京では象徴的な場所です。自然の山としては23区内

ににぎのみこと）と天照皇大御神（あまてらすすめおおみかみ）と正哉吾勝々速日天忍穂耳尊（まさかあかつかちはやひあめのおしほみみのみこと）。薩摩国一宮。江戸時代までは応神天皇、神功皇后、武内宿禰の八幡三神を祀っていた。

●13 **一宮** 古代から中世にかけて選定されたと思われる最も社格の高い神社。原則的には1国1社であるが例外もあり、全国で100社以上存在する。

で最も高い山です。といっても26メートル弱ですが。でも、ビルのない時代には、この山頂から東京湾全体から房総半島まで見渡せたそうです。観光の絶景ポイントですね。神社は皇居＝江戸城の南の守護神となっています。

神田明神が建っている場所は、本来の神田でありません。元和2（1616）年にここへ移転してきたことによって外神田と呼ばれるようになりましたが、地理的にはむしろ湯島エリアなのです。由来は平将門《たいらのまさかど》に関係しているのですが、それについては後の章で紹介します。

徳川幕府から現在地を与えられたもので（風水政策によると思われます）、崖の端に建っています。したがって、背後にも周囲にも鎮守の杜と呼べるような樹木がほとんどない、むき出しの社殿のみという残念な姿です。つまり、信仰そのものよりも、**別の役割がはっきりしている神社**です。

湯島天神も、神田明神と同様で、境内に樹木がほとんどありません。社殿は裸の状態です。狭い崖地の端っこに建っているので、新たに植栽する余裕もありません。つまり、信仰よりも前に、別の目的があって創建されたものでしょう。

ちなみに、ここは本来は戸隠《とがくし》神社●14です。雄略《ゆうりゃく》天皇●15の勅命によって創建されたもので、祭神は天手力雄命《あめのたぢからおのみこと》です。大地の神ですね。現在の主祭神である天神＝菅原道真《すがわらのみちざね》●16は、後世に合わせ祀られたもので、本来この地とは何の関わりもありません。


長くなるので個別の解説はこれくらいにしておきましょう。

いずれにしても、どうやら特別の意図があってこれらの神社が建っているらしいということなのです。

これらの神社は、**断層の「鎮め」という役目**でしょう。その所以の証拠には、湯島天神も祭神は怪力神の天手力雄命でした。文人の道真公では、地震の鎮めにはならないですしね。

●14 **戸隠神社**
長野県長野市。祭神は天手力雄命（あめのたぢからおのみこと）。天照大御神の岩戸隠れの際に天手力雄命が投げ飛ばした天岩戸が現在の戸隠山であるとされる。宝光社、火之御子社、中社、九頭龍社、奥社の5社からなる。

●15 **雄略天皇**
第21代天皇。埼玉県の稲荷山古墳から出土した鉄剣の銘が雄略天皇の実名と同じ「ワカタケル」と読めることから、5世紀末頃に実在した天皇といわれている。また、中国の史書『宋書』に登場する「倭の五王」の中の武に比定されている。伊勢神宮外宮は雄略天皇の夢枕に

このラインは、東京沈没の目安になります。海面上昇や地震による津波で、いわゆるゼロメートル地帯が水没するのは避けられません。ただ、それならば、縄文海進の状況が再び出現するのかといえば、そうではありません。

あれから数千年が経過して、その間に地形にも様々な変化がありました。最大の変化は人工的な変化で、つまり造成や埋め立てです。デジタル標高地形図をご覧になった読者の方々は、もう気付いているかもしれません。

下町の中央部、荒川の河口部の周囲が、広範囲にわたって海と同じ白色か、それに近いにもかかわらず、東京湾沿岸部には濃い色の土地が少なからずあります。これは、いったいどういうことでしょう？

そのまま理解すれば、下町は一種の盆地ですね。ゼロメートル地帯の周囲を、小高い土地が縁取るという、浅くて広い盆地です。

実はこの状態は、埋め立ての時間差・時代差を表しているのです。荒川河口の周囲は、江戸時代に徳川幕府によって埋め立てられました。当時は建設用の重機

たった天照大御神の神託によって創建されたと伝わっている。

●16
菅原道真
すがわらのみちざね（845－903）。平安時代の貴族、学者、漢詩人、政治家。宇多天皇に重用され醍醐朝では右大臣にまで昇ったが、左大臣・藤原時平に讒訴（ざんそ）され、大宰府へ左遷され現地で没した。死後に天変地異が多発したことから、怨霊神として恐れられ北野天満宮に祀られる。以後、天神様として信仰の対象となる。現在は学問の神として親しまれる。

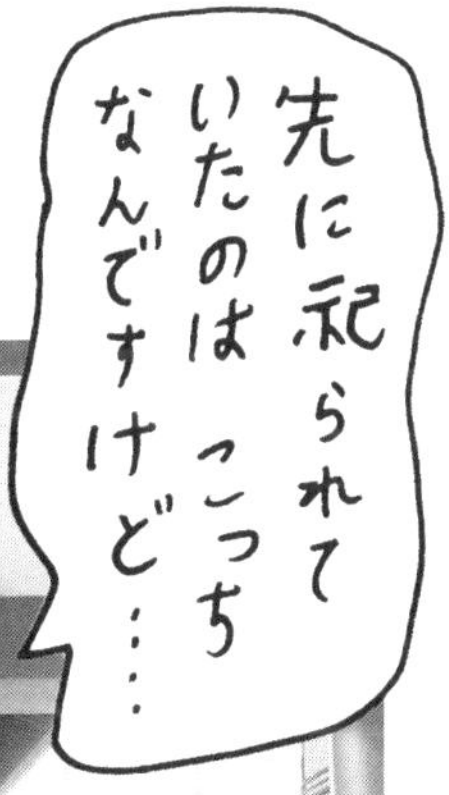
先に祀られて
いたのは こっち
なんですけど……

戸隠神社（湯島天神境内摂社）

戸隠神社
戸隠神社
賽銭箱

湯島天神のあるこの場所で最初に祀られていたのは天神様（菅原道真）ではなく、戸隠神社の祭神であるアメノタヂカラオノミコトです。現在は本殿の右後方で境内摂社としてたたずんでおられます。湯島天神の創建は458年で、天神様が祀られるようになったのはそのはるか後の1355年。土地の住民の願いにより一緒に祀られるようになったそうです。湯島天神をお参りの際にはぜひ戸隠神社にもご参拝を。

なんてありませんから、膨大な数の人夫によって、いわば手作業でおこなったものです。だから、ぎりぎりの埋め立てなのです。高く盛り上げるような余裕はありません。

いっぽう、海岸部の小高い埋め立て地は、現代になってからおこなわれました。むろん最新鋭の重機を大量動員して、大規模な土木工事としてです。海面の上昇（高潮や津波、温暖化、荒川の増水）も当初から想定した上で設計されています。

なお、現在の堤防は古いので、首都直下型の地震や津波に対するのは難しいとされます。そこで、スーパー堤防に置き換えるという国家プロジェクトが立ち上げられました。大規模工事なので、少しずつ徐々に実施されていますが、民主党政権でストップされたため、かなり遅れています。再開されてからは順調のようですが、間に合うよう願っています。

南海トラフでは1～2メートルの津波、首都直下型では2～4メートルの津波が予想されています。現状ではこれを防ぐことはできません。堤防を越えて海水が押し寄せます。

もし堤防が決壊した場合には、ゼロメートル地帯には新たな問題が発生します。それは、排水です。仮に海抜が1メートルでもあれば、津波が引いた後、自然に浸水は解消されます。時間は丸一日もかからないでしょう。

しかしゼロメートル地帯は（とくに海抜マイナス地帯は）、津波や高潮が去っても、堤防の決壊したところから浸水は続きます。決壊個所の修復がおこなわれない限り浸水し続けるのです。さらに、ゼロメートル以下なのですから、いつまで経っても自然排水はありません。そこより低い場所がなければ、他所へ流れていくことはできませんから、水は溜まったままになるのです。これを何とかする方法はただひとつ。人為的に排水するしかないのです。

ちなみに、東京下町地域のほぼ全域が水没することになりますから、それにともなって、地下鉄もほぼ全域が水没します。ゼロメートル地帯よりさらに下を走っているのですから当然といえば当然です。

ただ、地下鉄の場合は、あらかじめ浸水被害を想定して建設されていますから、危機対応の第一に、地上出入り口を封鎖することになっています。また、各所からの浸水を想定して（実は常に地下水の浸水があるのです！）、排水設備が完備されているのです。

弥生時代

渡来の技術・見沼田圃

2300年前にスサノヲが切り開いた関東王国

武蔵国の中心は大宮だった

東京都と埼玉県は明治初期までひとつの国でした。その名を武蔵国《むさしのくに》ということはご存知の通りです。

そして、武蔵国の中心は、国府のあった府中（東京都府中市）でしたが、国府が設けられるのは8世紀の初めのこと。それ以前は、武蔵国造《くにのみやつこ》●1の依拠する大宮（埼玉県さいたま市）が中心地でした。

おそらく縄文時代からずっと、ここが武蔵国の中心地だったのでしょう。

ちなみに、その場所は現在の氷川神社●2周辺です。また、国府が建設された場所は、現在の大國魂《おおくにたま》●3神社周辺です。

余談ですが、大宮の氷川神社は武蔵国一宮《いちのみや》です。つまり東京都と埼玉県がひとつであった武蔵国の中心は、ここでした。昔は、祭と政はどちらも「まつりごと」というように同一だったのです。

●1 **国造**
古代の日本でそれぞれの地域を治めた長官。現在の都道府県知事のようなもの。出雲大社や阿蘇神社など国造家が社家として現在まで続いている家系もある。

●2 **氷川神社**
埼玉県さいたま市。祭神は須佐之男命（すさのおのみこと）、稲田姫命（いなだひめのみこと）、大己貴命（おおなむちのみこと）。武蔵国一宮。東京都・埼玉県近辺に約290社ある氷川神社の総本社。創立は約2400年前。

明治維新で東京と埼玉に人為的に分離されて、片方は祭祀の中心を失い、もう片方は国府つまり政治の中心を失ったのです。

さらに余談ですが、この国の地方自治は、そろそろ再編しなければならない時に来ているかもしれませんね。もしそうならば、提案があります。

東京23区を東京特別区として単独の行政区とし、それ以外の東京都は埼玉県と元通り一体として「武蔵県」にするのはどうでしょう？　その時には、私は武蔵県の住民になりたいと思っています。それがどの場所になるかは内緒ですが。

さて、縄文海進で紹介したように、東京湾は内陸の奥深くまで達していて（古東京湾）、さいたま市は海辺でした。

つまり、そこまで内陸に入っても真っ平らなのが関東平野なのです。

富士山の噴火によって形成された関東平野は、日本で最も広い平野であって、四方に眺望が開けています。

●3 **大國魂神社**
東京都府中市。祭神は大國魂大神（おおくにたまのおおかみ）。大國魂大神は大国主命と同神とされる。一緒に祀られている武蔵国の一之宮から六之宮は、一之宮は小野神社（東京都多摩市）、二之宮は二宮神社（東京都あきる野市）、三之宮は氷川神社（埼玉県さいたま市）、四之宮は秩父神社（埼玉県秩父市）、五之宮は金鑽神社（埼玉県児玉郡）、六之宮は杉山神社（神奈川県横浜市）。ここでは氷川神社は三ノ宮となっている。

北西方面には、二荒山《ふたらさん》や浅間山から秩父連山に至るまで多くの峰々山々が連なりますが、中でも西北に聳《そび》える**浅間山は、「冬至の日の出」をとらえる山として古来、特別な信仰を集めています。**

冬至は、ご存じのように一年で最も夜が長い日のことです。つまり、冬至に向かって陽はどんどん短くなって、ついに冬至に最短となり、そしてその翌日からは今度は陽が長くなり始めるという日なのです。そのため古代においては、冬至の翌日を一年の始まりの日としていました。

地理風水では、冬至までは「陰の気」が進み、冬至以後は「陽の気」となる、としています。さしずめ、一年の〝夜明け〟なのですね。

冬至こそは、本来の「暦の基準日」なのです。関東という地域において、浅間山がいかに重要な位置にあるか、おわかりいただけると思います。

そしてもう一カ所、関東平野の東北方向から南東方向にかけては目立った山嶺はありませんが、その中で唯一視界にとらえられるのが筑波山です。

この地に暮らす古代の人々は、**富士山、浅間山、筑波山を遙拝して、素朴な自然崇拝を育んでいたと思われます。**

これらの位置関係を図示すると51ページの図のようになります。

交点には、武蔵国一宮・氷川神社があります。関東で最も古く、最も大きな神社です。武蔵国の一宮なのですから、東京にとっても一宮です。都内では、山王●4日枝神社や神田明神●5が有名ですが、実はそれらよりも格上なのです。

ここが古代関東の中心地であり、この頃ここに栄えていた朝廷の正殿である大《だい》極《ごく》殿《でん》があったところということになります。そしてここには、**大和朝廷以前にこの地で栄えた関東王国の「初代の王」「建国の父」が祀られている**ことになるはずです。

氷川神社に祀られている主祭神こそは、その人でしょう。氷川神社の主祭神とは、須佐之男命《すさのおのみこと》、稲田姫命《いなだひめのみこと》、大己貴命《おおなむちのみこと》の3柱。

●4 **山王日枝神社**
東京都千代田区。祭神は大山咋神（おおやまくいのかみ）。1478年、太田道灌が江戸城築城にあたり鎮護の神として川越日枝神社を城内に勧請したのに始まる。徳川家康が江戸に移封された時に城内の紅葉山に遷座し江戸城の鎮守とした。江戸三大祭と日本三大祭りのひとつである山王祭がおこなわれる。

●5 **神田明神**
東京都千代田区。祭神は一之宮に大己貴命（おおなむちのみこと＝だいこく様）、二之宮に少彦名命（すくなひこなのみこと＝えびす様）、三之宮に平将門命（たいらのまさか

そうなんですよ！　つまり、スサノヲさんこそが、関東の最初の王だったんですよね！

氷川神社の秘密

大宮の氷川神社は武蔵国一宮、官幣大社、関東では最古で最大の神社であり、全国に２９０社ある氷川神社の総本社です。

しかも、その内訳は、東京都に69社、埼玉県に１８２社。つまり武蔵国だけで２５１社という驚きの集中ぶりです。ほかの関東県でも、茨城県2社、栃木県２社、千葉県1社、神奈川県3社のみです。

こんなに有名な神社なのに、実は「武蔵ローカル」だったのですね。

ただ、スサノヲを祭神とする神社には複数系統あります。

どのみこと＝まさかど様）。正式名称は神田神社。社伝によれば７３０年に出雲氏族が祖先神の大己貴命を現在の将門首塚周辺に祀ったことに始まる。１３０９年に平将門を奉祀。１６１６年に江戸城の表鬼門に当たる現在地へ遷座した。１８７４年の明治天皇の行幸にあたり、平将門が祭神から外され、代わりに少彦名命が茨城県の大洗磯前神社から勧請された。平将門神霊は境内摂社に遷され、１９８４年になって本社祭神に復帰した。

氷川神社の位置

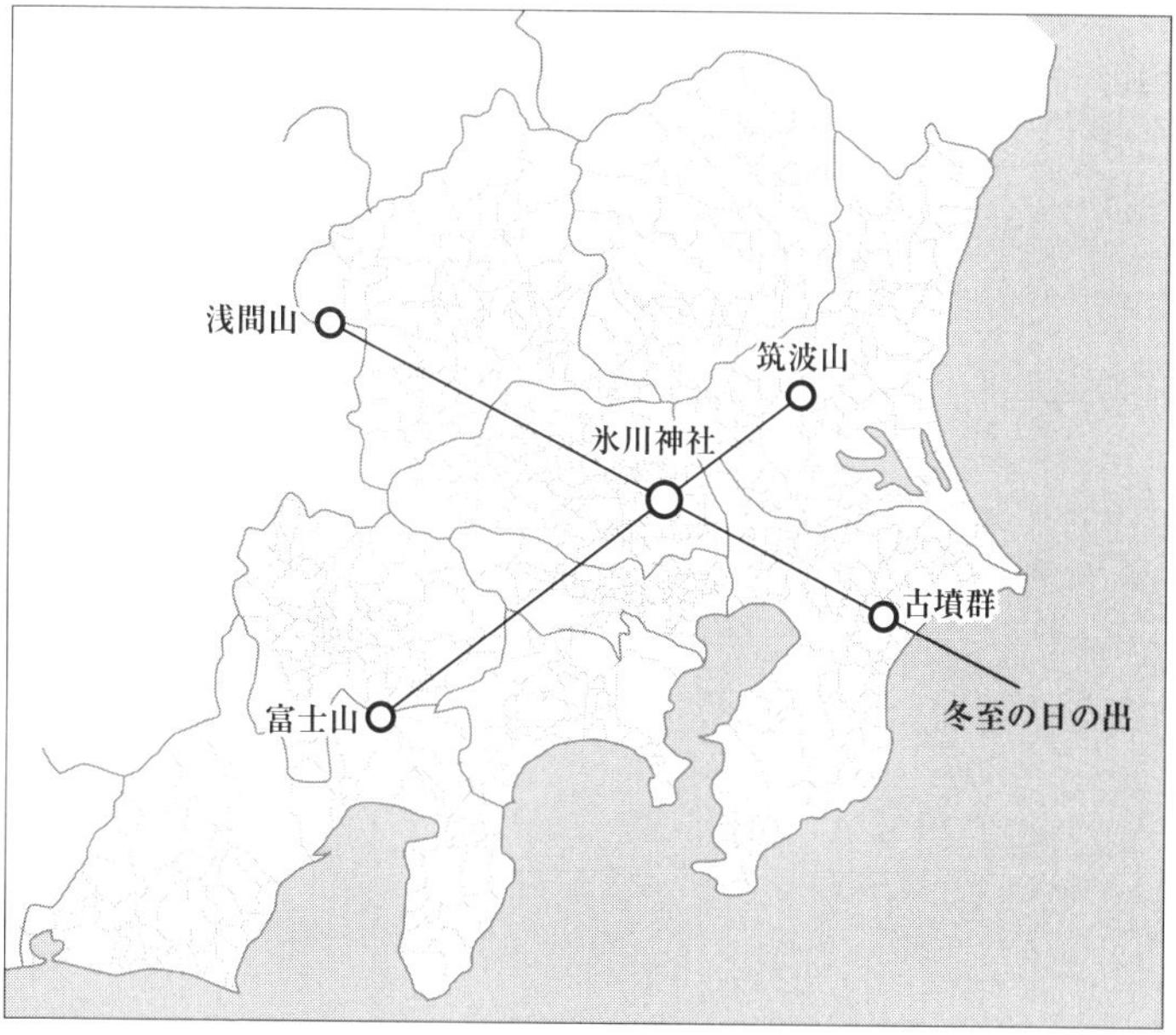

筑波山と富士山を結ぶ直線と浅間山と埼玉古墳群を結ぶ直線の交差したところにあるのが氷川神社です。天心十字法によって氷川神社が定められたことがよくわかります。氷川神社と一体をなす氷川女体神社と中山神社の3社は直線状にあり、夏至と冬至の太陽の動きと深い関係があります。

その第一は八坂神社[6]（祇園社）ですが、これは牛頭天王[7]を祀ったことに始まるもので、スサノヲ神は後付けです。

それでは次に多いのはといえば、氷川神社なのです。

氷川神社の鎮座する地は古来「大宮」と呼ばれてきました。今では浦和市などと合併して「さいたま市」になっていますが、それ以前は「大宮市」と称して埼玉県最大の市として県民には周知していたものです。

そしてもちろん、「大宮」という地名は、その地に鎮座する氷川神社に由来しています。「大きな宮殿」ですよね。

神社の「由緒」にはこんなふうに記されています。

「大和朝廷の威光が東方に及ぶにつれて、当神社の地位も重くなった」と。

つまり、**ヤマト朝廷が東国を支配統治するために、氷川神社の威光を利用した**ということですね。すでにそれだけの地位にあったのを示すものです。

●6 **八坂神社**
京都府京都市。祭神は素戔嗚尊（すさのおのみこと）、櫛稲田姫命（くしなだひめのみこと）、八柱御子神（やはしらのみこがみ）。祇園祭で有名。明治の神仏分離までは祇園社といい、牛頭天王を祀っていた。

●7 **牛頭天皇**
起源不詳の習合神で、釈迦が説法をした仏教の聖地・祇園精舎の守護神とされ、日本では素戔嗚尊と同神とされていた。現在の八坂神社にあたる祇園社から勧請されて全国の祇園社、天王社で祀られた。

しかも、ヤマト朝廷は氷川神社を征討するのではなく、尊重することで共存共栄の道を選んでいます。その理由は何だったのでしょう？

九州を出発点に東へ進軍し、各地の豪族を次々と征討し、ひたすら全国制覇へと向かいつつあるヤマト朝廷が、いったい何に〝遠慮〟したというのでしょう？

「信仰」の力でしょうか、それとも「経済」の力でしょうか？

「信仰」の力は当然あったでしょう。

しかしそれだけならば、すでに各地で直面しています。

瀬戸内海全域を信仰圏とする大三島の大山祇《おおやまつみ》神社●8、備前一帯を信仰圏とする吉《き》備《び》津《つ》神社●9、紀伊一帯を信仰圏とする熊野三社●10、大和一帯を信仰圏とする大神《おおみわ》神社●11など、すべて完全に統治下に置いてきています。

それでは、氷川神社にはさらに何があったのでしょう？「由緒」の二つ目にはこうあります。

「神社の鎮座する地は、大宮台地の上にあり、その中でも鼻のように高く突き出

●8
大山祇神社
愛媛県今治市。祭神は大山積神（おおやまづみのかみ）。伊予国一宮。全国にある山祇神社（大山祇神社）の総本社。主祭神のオオヤマツミノカミは「三島大明神」とも称され、ここから勧請したとする三島神社は四国を中心に新潟県や北海道まで分布する。

●9
吉備津神社
岡山県岡山市。祭神は大吉備津彦命（おおきびつひこのみこと）。備中国一宮。本来は吉備国の総鎮守だったが、吉備国の三分割（備前、備中、備後）により備中国の一宮とされ、分霊が備前国と備後国の一宮（備前：吉備

た位置にある為、一帯の地名は高鼻町と呼ばれます。かつて神社の東側には見沼と呼ばれる広大な湖沼があり、豊かな土壌を形成する元となっておりました。「神沼」、「御沼」とも呼ばれた見沼は正に豊かな恵みを与えて下さる神聖な水をたたえた湖沼で、江戸時代に開発された見沼溜井は周囲約39キロに及ぶ大貯水池でした。（略）見沼をひかえた土地は肥沃で東西南北に交通の便もよく、人々は益々繁栄し今日の基をなすに至ったものと思われます。」

これほどに重要視され、かつ関東随一の古い由緒を有している神社であるにもかかわらず、実は大宮の地にはそれに相応しい遺跡や遺物がまったくありません。

氷川神社の社殿も明治15（1882）年と昭和15（1940）年に改築して現在の姿になる前は、質素なものでした。

この地域には大規模な古墳もなく、古代の城郭遺跡もなく、歴史に刻まれるよ

津彦神社、備後：吉備津神社）となった。このため備中の吉備津神社は「吉備総鎮守」といわれる。

●10
熊野三社
熊野本宮大社（和歌山県田辺市）、熊野速玉大社（和歌山県新宮市）、熊野那智大社（和歌山県東牟婁郡）の3つの神社の総称。日本全国に約3000社ある熊野神社の総本社。

●11
大神神社
奈良県桜井市。祭神は大物主大神（おおものぬしのおおかみ）。大和国一宮。三輪山を神体としているため本殿がなく、日本で最も古い神社のひとつ。

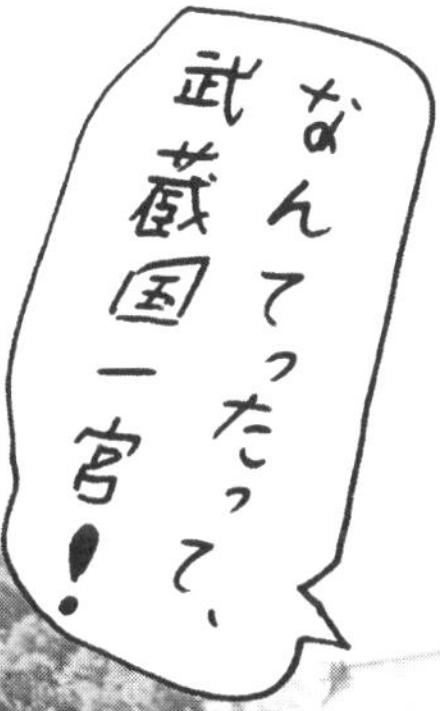

氷川神社

氷川神社は毎年1月1日に天皇が天地四方の天神地祇を拝する四方拝で遥拝される神社のひとつでもあります。この時に拝される神々と天皇陵は、伊勢神宮、天神地祇、神武天皇陵と先帝三代の各山陵、氷川神社（武蔵国一宮）、賀茂別雷神社と賀茂御祖神社（山城国一宮）、石清水八幡宮、熱田神宮、鹿島神宮（常陸国一宮）、香取神宮（下総国一宮）です。

うな重要な遺物も発掘されておりません（縄文土器や弥生土器は数多く発掘されています）。

にもかかわらず、明治天皇は明治維新の後、京都から東京へ入ってわずか4日目（明治元年10月17日）に、氷川神社を武蔵国の総鎮守とし、「勅祭社[12]」と定めたのです。そして10日目には早くも大宮に行幸し、翌28日にみずから御親祭を執りおこないました。

もちろんそれは、関東のすべての神社の中で最初であり、きわめて特別なことです。明治天皇は明治3（1870）年にも再び参拝しています。

氷川神社は、**これほど〝特別扱い〟されて現在に至っている**のです。

にもかかわらず、氷川神社に関しては満足な研究書さえほとんどありません。

とくに古代史研究者には無視に近い扱いをされています。研究者の興味関心をそそるような物や事、文献や考古遺物がきわめて少ないからでしょう。

しかし、本当にそうなのでしょうか？　これほどに古い由緒があり、皇室から

●12 **勅祭社**
祭祀に際して天皇により勅使が遣わされる神社のこと。氷川神社以外にも明治神宮や靖国神社（東京）、春日大社（奈良）、出雲大社（島根）、熱田神宮（愛知）、宇佐神宮（大分）など全国に16社ある。

も重要視されていて、むしろ〝何もない〟ことこそが不可思議というものではないでしょうか。私は、だからこそ、氷川神社に着目しました。

スサノヲとは何者なのか

氷川神社は、実質的にはスサノヲを祭神として祀る神社では最多であり最大です。鎮座の全290社のうち実に86％の251社が旧・武蔵国である埼玉＆東京に集中しています。

この事実は何を示しているのでしょう？

〝全国区〟の神社といえば、なんといっても稲荷神社[13]や八幡神社[14]がお馴染みですが、いずれも各地にまんべんなく散在しています。

ところが氷川神社はこの通り、ほんの一部に偏っているのです。つまりそれは、**氷川神社が〝全国区〟ではなく、関東、さらには武蔵国という〝地方区〟の神社**

●13 **稲荷神社**
稲荷神（食物の神であるウカノミタマ）を祀る神社。伏見稲荷大社（京都府京都市）が総本宮。キツネが眷属。

●14 **八幡神社**
八幡神（応神天皇）を祭神とする神社。八幡神社、八幡社、八幡さまとも。宇佐神宮（大分県宇佐市）が総本宮。

であることを示しているということです。

それでは、祭神のスサノヲが〝地方区〟の神ということなのでしょうか。

実は、スサノヲを祭神とする神社は八坂神社ばかりでなく、ほかにも少なからずあります。

八坂神社系の牛頭天王を祀るものが多くを占めますが、それでも須賀神社（290社以上）や須佐之男神社（150社以上）など当初からスサノヲ神を祀っているものもあります。

しかし、同じスサノヲを祀りながらも、必ずしも性格は同一ではありません。これは**スサノヲ神が複数の神格を融合した複合神である**ことを示すものです。

もともとスサノヲ神話は、前半と後半でまったく別の性格であるとは誰もが認めるところです。高天原で暴れ放題で、ついには力を封じられて地上へ追放されるという〝大罪人〟としての前半。人々を悩ませていたヤマタノオロチを退治して、国土の繁栄をもたらす〝英雄〟としての後半。

いかがですか？　まるで違うでしょう？

これを「改心した」ととらえる説もあります。私はその説は採りませんが、いずれにしても〝単一の神格〟とはなりにくいものであることは間違いありません。そしてそれは、祭神として信仰しづらいことを意味します。

スサノヲとオオクニヌシ[15]に関わる神話を「出雲神話」と呼びますが、実は出雲神話は『日本書紀』にはほとんど出てきません。

しかし『古事記』は、むしろ「出雲神話が中心になっている」ほどなのです（**『古事記』は出雲のために書かれた**と私はとらえています）。

ここではこれ以上「記紀論」には踏みこみませんが、出雲神話（スサノヲ神話）がメジャー系の話ではなく、マイナー系の話なのだと認識してください。しかも、正反対ともいえるような要素が併存しているのだと。

これこそが、氷川神社が偏っている理由のひとつなのです。

●15 **オオクニヌシ**
大国主命（おおくにぬしのみこと）。オオナムチ、アシハランコヲなど多くの名を持つ。スサノヲの娘スセリ姫と結婚し、スクナヒコナとともに国土造営にあたり天下を治めるが、アマテラスオオミカミの使者に国譲りをし、冥界へと入る。出雲神話の主人公であり、出雲大社に祀られている。

氷川神として祀られた人物が、かなり早い時期に武蔵一帯の統治者であったことは理解していただけたと思います。ということは、徳川家康[16]や太田道灌《どうかん》[17]よりも、さらには平将門[18]よりもはるか昔に関東に着目したということですね。

道灌と家康は千代田を、それ以前に将門は府中をみずからの居城として見出しました。しかしさらにはるか昔に、見沼の畔《ほとり》・大宮を見出した人物がいたのです。

それ以前には関東に統一的な政体は見出せないので、彼こそは最初に関東一円を統括した人物であると言えるでしょう。

彼は、見沼に居城・王宮を構え、関東一円を統括し、死しては氷川神社に神として祀られたと思われます。そしてその後、長く広く崇敬されたのです。

しかしその〝国〟はヤマト政権に譲られ、見沼は埋め立てられることとなります。見沼の干拓を徹底的におこなったのは徳川です。さながら〝風水断ち〟であるかのように！

◉16 **徳川家康**
とくがわいえやす（1543－1616）。現在の愛知県岡崎市で誕生。幼少期は今川氏のもとで人質として過ごすが、桶狭間の戦いにおける今川義元の死を契機に三河・遠江を治める。小田原征伐後、豊臣秀吉により北条氏の所領だった関東へ転封。開発を進める。関ヶ原の戦いで豊臣方に勝利すると1603年に征夷大将軍となり江戸に幕府を開く。死後は日光東照宮に祀られ東照大権現として神格化される。

◉17 **太田道灌**
おおたどうかん（1432－1486）。室町時代後期の武将。関東管領これによって、〝関東王国〟は、ほぼ消滅しました。
最終的には、明治天皇によって「権威の回復」がなされていますが、その姿は深い闇に消えて、忘れ去られていったのです。

オオクニヌシが譲り渡した国

大宮から30キロほど北の行田市の稲荷山古墳[19]は、鉄剣の「文字」の発見で今でこそ有名ですが、ごく最近まで誰もそれほど重要な遺跡だとは思っていませんでした。

稲荷山古墳という呼び名も、墳頂に小さなお稲荷さんが祀られていたので付いた通称で、名称として登録されていたようなものではありません。

地元では、「田んぼの中の山」ということで「田山」と呼ばれたり、姿形から「ひょうたん山」などとも呼ばれていて、それくらいありふれた風景として界隈

上杉家の一族である扇谷上杉家の家臣として多くの戦いで活躍し、江戸城を築城。しかし、その優秀さゆえに主の上杉定正に恐れられ暗殺された。

●18 **平将門**
たいらのまさかど（生年不詳－940）。平安時代中期の関東の豪族。平氏の姓を授けられた高望王の三男・平良将の子で、桓武天皇の5世子孫。朝廷に反乱し「新皇」を称して東国の独立を図るが朝敵として鎮圧された（承平天慶の乱）。

●19 **稲荷山古墳**
9基の大型古墳からなる埼玉古墳群のうちのひとつ。古墳時代後期の5世

に溶けこんでいたのです。

そのために遺跡として保護されることもなく、昭和12（1937）年には、沼地干拓のための用土として前方部が完全に取り崩されてしまいます。

しかもその跡地は田んぼにされてしまったため、昭和43（1968）年に学術調査がおこなわれるまで「円墳」だと思われていたようなありさまです。

稲荷山古墳は、古墳の多い埼玉県でも第2の規模の前方後円墳です。築造されたのは古墳時代後期、5世紀後半と考えられています。記・紀が編纂されるより200年近く古い時代です。埋め立てられてしまっているので堀の規模は判然としませんが、墳丘部の長さだけで120メートルあります。後円部の直径が62メートル、復元された前方部の幅が74メートル。

そして注目すべきは、古墳の〝向き〟です。**墳丘の中心軸は真っ直ぐに富士山を向いている**のです！

5世紀の関東平野を想像してみてください。晴れた日には墳頂から、100キ

紀後半の前方後円墳。ここから出土した国宝の鉄剣などは埼玉県立さきたま史跡の博物館に展示されている。

ロメートル彼方の富士山を真正面に望むことができるのです。

稲荷山古墳を含む「埼《さき》玉《たま》古墳群」は、全国的に見ても有数の古墳群です。稲荷山はもちろんですが、それよりさらに規模の大きな二子山古墳など、前方後円墳8基と大型円墳1基が現存しています。円墳の丸墓山古墳は直径105メートルで国内最大級の大きさです。

かつてはその周囲に陪臣のものと考えられる小型の円墳35基、方墳1基もあったことがわかっていますが、稲荷山の前方部を破壊した昭和の干拓事業で、これらはことごとく取り払われてしまいました。まったくもって取り返しのつかない愚挙であって、なんとも残念なことです。古墳群の規模から考えて、**この周囲のどこかに〝小国家〟ないしは〝地方政権〟が存在した**ことは確かです。

周知のように、ヤマト朝廷については、大規模な城郭遺跡が発掘されて研究が進んでいます。そしてその周囲には多くの大規模古墳が存在するのも周知のことです。

それならば、埼玉古墳群に埋葬された王族たちの「国」がどこかにあったはずですよね。稲荷山古墳の昭和43（1968）年の学術調査で金錯銘鉄剣《きんさくめいてっけん》（稲荷山鉄剣）が発掘され、大事件となりますが、このような副葬品は際立った「王族」以外にありえないことですから。

しかも、全長100メートルを超える巨大な前方後円墳がいくつも存在するということは、その政権が何代も続いたことを示しています。

にもかかわらず、その痕跡はこれまでのところまったく発見されておりません。

金錯銘鉄剣には、表面に57、裏面に58、合わせて115文字が刻まれており、そこにはワカタケル大王（雄略天皇）に仕えたヲワケの功績などが記されており、古代史の第一級資料のひとつとなっています（1983年、国宝に指定）。

これにより、少なくとも**稲荷山古墳の被葬者は大王《おおきみ》（天皇）に直属の人物で**

あったことがわかります。関東圏の支配統治を委任されていたということで、5世紀という時代から考えて、皇子を含む王族か、それに匹敵する力を持った地方豪族であろうと思われます。

それだけの政権があったということは、政庁があり、町があったということです。しかも生半可な規模ではありません。なにしろ、前方後円墳を築造するだけのマン・パワーが前提となるのですから。

はたして、それらはいったいどこにあったのでしょう？　なぜ見当たらないのでしょう？

多くの古墳を潰してしまう土地柄ですから、それらの遺跡や遺構も同じように取り払って田畑にしてしまったのでしょうか。それとも、関東ローム層の下に眠っているのでしょうか。「ポンペイの遺跡」[20]のように！

これぱかりは発掘しない限り、まったくわかりません。

ただわかっているのは、「どこかにあった」ということだけです。

◉20 **ポンペイの遺跡**
イタリアのナポリ近郊にあった古代都市。79年に起きたベスビオ火山噴火による火砕流によって地中に埋もれ（5メートルから20メートル）、その遺跡はユネスコの世界遺産に登録されている。

ちなみに、関東ローム層とは、関東平野に積もっている火山灰の総称です。関東地方の西南縁には富士山・箱根山・愛鷹山などの火山があり、また西北縁には浅間山・榛名山・赤城山・男体山などの火山があります。

これらの火山はたびたび噴火を繰り返していますが、その特に大規模な噴火では大量の火山灰が関東平野に降りそそぎ堆積してきています。関東平野はそれらの火山灰でできているとさえ言えるほどです。古来多くの生活遺跡がその下に埋もれています。

なお、関東ローム層という呼称は、明治14（1881）年にダーフィト・ブラウンスが〝成因不明〟のままに命名したものです。その後、少なからぬ人たちによって研究されていますが、成り立ちは複雑で、また広範囲であり、すでにその上に街が形成されているため、実態の解明にはほど遠い状況です。

しかしこの**関東ローム層の下のどこかに、古代都市が埋もれている可能性はき**

わめて高いのです。真相の発見には、大規模な再開発がおこなわれて、都市遺跡が偶然発見されるまで待たなければならないかもしれませんが。

現在は荒川は大宮の西側を流れていますが、古代には東側を流れていて、その河畔・河川敷として自然に発生した沼沢地が見沼です。

荒川の規模が大きく、またこの界隈が平野地であったことで稀に見る広大な湿地帯が出現しました。しかも原野を耕して水を引かなければならない〝水田開発〟とは異なり、浅い沼地であるがゆえに、水稲耕作に適していました。

実際に、そのほぼすべてが江戸時代までに開拓されて水田となり、「見沼田んぼ」と呼ばれて現在に至っています（一部は住宅地になっています）。

見沼は現在ではほぼすべてが埋め立てられて消滅してしまいましたが、その痕跡は広大な水田地帯と公園として整備されて垣間見ることはできます。

その公園の中心の丘の上にたたずむのが氷川女体神社[21]です。

[21] **氷川女体神社**
埼玉県さいたま市。祭神は奇稲田姫命（くしなだひめのみこと）。祭神はスサノヲの妻であり、氷川神社を男体社として、こちらは女体社にあたる。氷川神社と氷川女体神社に加え、同じく見沼周辺にある中山神社（別称・中氷川神社）の3社を一体とする向きもあり、この3社は直線上にあり、太陽は夏至に氷川神社に沈み、冬至に氷川女体神社から昇る。

機会があればぜひ、境内入り口から眼下に広がる〝見沼〟を遠望してみてください。かつてここから見沼一帯を眺めていた〝古代の王〟がいたのだと思いを馳せながら。

スサノヲが建国し、その子のオオクニヌシが「譲り渡した国」は、武蔵を中心とする関東の国ではなかったのかと思わせます。

古墳時代

ヤマトタケルの呪術

まつろわぬ民を臣従させた宗教教化活動

しょう。

東京に残るヤマトタケルの足跡

ヤマトタケル[1]にまつわる土地や神社は東京に少なくないと、皆さんご存知で
私の息子は東京都立の中高一貫校に行きましたが、なんとその校歌にヤマトタケルが歌われているのです。6年間にわたって口ずさんできたことで（しかも12歳から18歳という最も多感な時期に！）、ヤマトタケルがすっかり刷りこまれてしまったようです。
ただ、記・紀の中には、神奈川、千葉、埼玉はヤマトタケルに由縁ある地があちこちに出てくるのですが、実は、東京は出てきません。むろん当時は「武蔵国」という呼び名のもっと古い時代ですから、県単位での区別はあまり意味を持ちません。なにしろ、東京どころか江戸さえもなかった時代のことですから。
関東にヤマトタケル由縁の地が多いということはつまり、**ヤマトタケルの「東**

[1] **ヤマトタケル**
第12代景行天皇の皇子で第14代仲哀天皇の父。熊襲や東国の征討を行う。東征の際に伊勢神宮の斎宮であった叔母のヤマトヒメから草薙剣（くさなぎのつるぎ）を授けられる。東征を終えた後に尾張のミヤヅヒメと結婚するが、草薙剣をヒメに預けたまま伊吹山の神を撃ちに行き命を落とす。『常陸国風土記』では倭武天皇もしくは倭建天皇と表記されている。

征伝説」「東征神話」は、関東を制圧するものだったと言って良いでしょう。ヤマト朝廷にとって、関東とは、それほどに欲しい、魅力的な土地だったのです。記・紀には登場しませんが、ヤマトタケルが創建したと伝えられる神社は東京のあちこちにあります。

有名どころでは、根津神社●2（根津権現／文京区根津）でしょう。時代劇のロケによく使われるので、写真を見れば見覚えがあるに違いないと思います。社殿は重要文化財に指定されていますし、つつじ祭りや縁日の賑わいは東京でも屈指です。参道には魚屋、飴屋、蕎麦屋など外人さんに人気のお店がぎっしりです。

神社の由緒によれば、その起源は約1900年前、景行天皇●3の第2皇子・ヤマトタケルの戦勝祈願に発するとされます。

でも、もちろん今の場所ではありません。元々は千駄木の団子坂上にあったそうで、それを徳川6代・家宣の屋敷だった現在地に遷して（といっても300

●2 **根津神社**
東京都文京区。祭神は須佐之男命（すさのおのみこと）、大山咋命（おおやまくいのみこと）、誉田別命（ほんだわけのみこと）。1900年前にヤマトタケルが創祀。文明年間（1460-1486）に太田道灌により社殿が造られた。現在の社殿は宝永3年（1706年）の創建で国の重要文化財になっている。

●3 **景行天皇**
第12代天皇。第11代垂仁天皇の皇子。ヤマトタケルの父。

メートルくらい南へ)、建物も豪勢にしたそうです。ですが現在地は海抜9メートルですので、谷底です。団子坂上であれば海抜20メートルあったのですが。

榊《さかき》神社[4](第六天榊神社/台東区蔵前)は、ヤマトタケルみずからが奉持した白銅鏡を納めて創建したと伝えられます。景行天皇40年のことです。もとは鳥越にありましたが(鳥越神社から分祀)、享保4(1719)年に柳橋一丁目へ、さらに昭和3(1928)年、現在地へ遷ったものです。

祭神は、面足尊《おもだるのみこと》と惶根尊《あやかしこねのみこと》。記・紀どちらにおいても、最初の神代七代[5]に属する最も古い神です。神仏習合の時代(江戸期)にシバ神[6]と一体化しましたが、明治に元に戻りました。

鳥越神社[7](台東区鳥越)は、榊神社が抜けたあとも、地元の厚い信仰を集めています。鳥越の夜祭りは、大國魂神社(東京都府中市)とともに有名ですね。創

---

[4] **榊神社**
東京都台東区。第六天社の総本宮と名乗っており、本来の祭神は仏教の第六天魔王。神代七代の6代目ということで面足尊と惶根尊が祀られている。

[5] **神代七代**
古事記に登場する神のうち、別天津神(ことあまつかみ)の次に登場するクニノトコタチからイザナギ・イザナミまでの12柱7代の神の総称。

[6] **シバ神**
ヒンドゥー教の神で、サンスクリット語で「吉祥者」の意。現代のヒンドゥー教では最も影響力を持つ3柱の主神のひとり。

根津神社

つつじの名所としても有名で毎年４月から５月にかけて「つつじまつり」が開催され多くの人で賑わいます。また、森鷗外や夏目漱石をはじめ多くの文豪が近辺に住居を構えていたこともあり、これらの文豪に因んだ旧跡も残されています。徳川６代将軍家宣の屋敷跡だったことから、家宣の胞衣塚などもあり、見どころが豊富な神社です。

建の地は、ヤマトタケルの行宮《あんぐう》●8であったとされます。東征の拠点だったのでしょう。

ヤマトタケルには亡くなってから白鳥になったという伝説がありますが、ここも最初はその最後の姿を偲んで白鳥神社であったそうです。創建は白雉2（651）年と『新編武蔵風土記』にあります。

永承年間（1046—1052）に、源頼義・義家親子が奥州征伐（前九年の役）の途次、この地を通ります。その際、白鳥が大川（隅田川）を越える様子から浅瀬を知ることができたと伝えられます。

これぞ白鳥明神の加護ならん、ということで鳥越神社という社号を授与したとのことです。

妻恋《つまごい》神社●9（妻恋稲荷／文京区湯島）には、ヤマトタケルの伝承がそのまま残っています。東征の折、ヤマトタケルが三浦半島から房総半島へ渡ろうかというそ

●7
鳥越神社
東京都台東区。祭神は日本武尊（ヤマトタケルノミコト）。江戸時代まではこの地に3社あり、広大な敷地を有していた。熱田神社は今戸へ、第六天榊神社は蔵前へ移動し、現在は1社のみとなっている。

●8
行宮
天皇の行幸の際などに設けられた仮の御所。

●9
妻恋神社
東京都文京区。祭神は倉稲魂命（うかのみたまのみこと）、日本武尊（やまとたけるのみこと）、弟橘姫命（おとたちばなひめのみこと）。住民がヤマ

の時に暴風雨に遭い、遭難しそうになりました。しかしその時、后のオトタチバナヒメが海に身を投げて、海神を鎮めたのです。

その後、東征を続けたヤマトタケルは湯島の地にいたり、滞在したそうです。この地の土着の民が、亡くなった妻を慕うヤマトタケルの心情を哀れんで、ここに祀ったのが創建の由来だとされています（行宮であったとされます）。

ちなみに、妻恋神社も湯島の高台（海抜20メートル）に建っています。近所の人は、津波の時にはここの境内に逃げましょう。社殿全体が真っ白に塗ってある珍しい神社ですから、すぐわかります。

妻恋しさをストレートに表しているのは、なんといっても吾《あ》嬬《づま》神社[10]（墨田区立花）でしょう。流れ着いた妻の遺品を納めて、ヤマトタケルが創建したものとされています。亡くなった妻を思ってつぶやいた言葉「あづまはや」（我が妻よ）が語源です（「東」を「あずま」と読むのはこのためともいわれています）。

ヤマトタケルによる創建ですので、その時代は景行天皇年間でしょう。

トタケルとオトタチバナヒメを祀ったのが始まりで、その後稲荷明神が合祀された。

◉10 **吾嬬神社** 東京都墨田区。祭神は弟橘姫命。この神社がある「立花」（たちばな）の地名は「おとたちばなひめ」からついた。

これだけあっても、古事記にも日本書紀にも、ヤマトタケルが東京に来たという記述はありません。駿河（静岡県）、相模（神奈川県）、下総（千葉県）、常陸（茨城県）、武蔵（埼玉県）、甲斐（山梨県）へ来たという記述はあるのですが、東京（武蔵南部）との関わりを示すものは見当たりません。

しかしながら、東京にはヤマトタケル伝説がいたるところにあります。

それが「神社」なのです。

このほかにも、東京都内でヤマトタケル（日本武尊・倭建命）を祭神として祀っている神社は少なくありません。

富岡八幡宮（江東区）、下谷神社（台東区）、鷲神社（台東区）、大鳥神社（目黒区）、花園神社（新宿区）などなど、東京都には実に110社もあります！　埼玉県もぴったり同数の110社。つまり合計で220社もが武蔵国にあるということなのです（※なお、全国には1900社余あります）。

繰り返しますが、**ヤマトタケルの東征で、東京は記・紀にまったく登場しませ**

ん。それなのに、こんなにたくさん神社は創建されています。これが「征伐」の成果なのでしょうか？

そんなはずはないですね。

身を投げてまでヤマトタケルを救ったという后のオトタチバナヒメ。

妻を偲んでいつまでも「吾妻はや」と嘆いているヤマトタケル。

ここから「あづま」という地名発祥の由来があったからというのも当然で、あづま人は、こんなふうな情緒的なヤマトタケルが大好きだったのでしょう。

これは「征伐」とは対称にあるものですよね。

ヤマトタケルは天皇だった？

それにしても不思議だと思いませんか？　ヤマトタケルの征伐は、出雲も肥後も、そして関東も、軍隊らしいものはなく、わずかな部下を帯同するだけでおこなわれています。いくら相手が古代氏族・古代豪族とはいいながら、こんなんで勝てるでしょうか？

東征の時には、伊勢に寄って、草薙剣《くさなぎのつるぎ》という神剣を叔母さん（ヤマトヒメ）[11]から与えられているので、その力で東戎を討伐できたのでしょうか？

どうもそれも怪しいですね。なにしろ、草薙剣は、静岡県で火攻めされて、剣で周囲の草を薙ぎ払って脱出できたことから、そのように名付けたとされていますから。

そうなんです。記・紀には、後にも先にも神剣が活躍したエピソードは、この時に「草を薙いだ」ということしか出てこないのです。まるで鎌《かま》ですね。おかげでたしかに窮地を脱することができるのですが、もっとほかにはないのでしょうか。

たとえば、その剣で敵の首領の首級を挙げたとか、群がり来る敵軍の１００人斬りをしたとか、もっと勇ましいエピソードがあっても良さそうです。

[11] **ヤマトヒメ**
第11代垂仁天皇の皇女。トヨスキイリヒメの跡を継ぎ天照大御神を祀る土地を求め、大和国から伊賀・近江・美濃・尾張の諸国を経て伊勢の国に入り、神託により皇大神宮（伊勢神宮内宮）を創建した。伊勢神宮内宮別宮の倭姫宮に祀られている。

しかし、草薙剣にも、それを佩《は》いたヤマトタケルにも、勇猛なエピソードはまったくありません。それどころか、肥後では女装したり、出雲では敵の剣を木刀とすり替えたりと、卑怯なことばかりしています。そして東京では、どこへ行っても亡くなった妻を偲んで嘆いてばかりです。

しかも、その程度のことで、英雄視されているのです。これはもう、**呪術によって、敵将をたぶらかすのが得意であった**としか考えられませんよね。

もともと草薙剣は天叢雲剣《あめのむらくものつるぎ》と呼ばれていたものです。スサノヲがヤマタノオロチを退治した時に、その尾の中から発見したとされます。尾の上には常に雨雲が漂っていたところから、天叢雲剣と名付けられたものです。

それがアマテラスに献上されて、伊勢神宮に神宝として納められて、そこの斎宮となっていた叔母のヤマトヒメからヤマトタケルに手渡されました。

遠征先の焼津（静岡県）で火攻めに遭った際に周囲の草を薙ぎ払い、窮地を脱します。その後、熱田のミヤヅヒメに預けたまま、ヤマトタケルは伊吹山で亡くなります。草薙剣は、そのまま熱田神宮[12]に御神体として置かれて、現在に至るというわけです。

今でこそ三種の神器[13]はいずれも時の天皇さえ見ることはできません。でも実は、熱田神宮には「実見記録」がいくつかあります。こっそり見た人がいるのです。もしこの証言が正しければ、神宝は両刃《もろは》の白銅剣ということになります。

ヤマトタケルは、その父・景行天皇より、熊襲を討ち、戻る間もなく今度は東夷の征討を命じられました。この時、なぜか本来のルートから大きく外れて伊勢神宮へとおもむき、そこで叔母のヤマトヒメから天叢雲剣（当然ながら、この時点ではまだ草薙剣という呼び名になっていません）を授けられ、それを携えて東国へ出征しています。

ヤマトヒメは垂仁天皇[14]の第4皇女。大和の宮中にあった三種の神器のうち、二

12 熱田神宮
愛知県名古屋市。祭神は熱田大神（あつたのおおかみ）。これは草薙剣をご神体とする天照大御神のこととしている。ヤマトタケルの后ミヤヅヒメが草薙剣をこの地で祀ったのが創建のいわれとなっている。

13 三種の神器
天孫降臨の際にニニギノミコトが天照大御神から授けられたという鏡（八咫鏡／やたのかがみ）・玉（八尺瓊曲玉／やさかにのまがたま）・剣（草薙剣／くさなぎのつるぎ）のこと。日本の歴代天皇が継承してきた。

種の神器（草薙剣と八《や》咫鏡《たのかがみ》）にふさわしい鎮座地を求めて各地に遷御をおこない、最終的に伊勢の地に御鎮座となります。これがいわゆる伊勢神宮です。

そしてヤマトヒメは初代の斎宮となりました。つまり伊勢神宮のトップであり、天皇の名代であり、国家の宗教的権威の象徴ですね。

三種の神器のひとつである天叢雲剣は、斎宮・ヤマトヒメからヤマトタケルに授けられました。これは、**まぎれもない皇位継承の儀式**です。無事に帰還すれば、**次期天皇としての玉座**が待っているはずだったのです。

草薙剣は草刈り用の鎌!?

そもそも天叢雲剣という元の名を捨てて、草薙剣という新しい名としたのはなぜでしょう。

記・紀神話や、熱田神宮そのほかの様々な伝承によれば、ヤマトタケルが危地

●14 **垂仁天皇** 第11代天皇。第10代崇神天皇の皇子。第12代景行天皇やヤマトヒメの父。

を脱するために草を薙ぎ払ったという由来に基づくとされています。しかしもし新たに名付けるならば、もっと相応しい名がいくらでもあるでしょう。

名刀といわれる刀剣には特に号（名）が付けられるものですが、いずれも勇ましい号や神々しい号が多いものです。それらに比べると「草を薙ぐ剣」とは、なんとも優しい号ではありませんか。強そうでもなければ神聖感もない。

一般に、草を薙ぐのは「鎌」です。「草刈り鎌」という通例があるように。しかし刀剣の本来の機能役割は、もちろん草を刈ることではありません。ところが、記・紀をいくら読みこんでも、神剣・草薙剣は「草を薙ぎ払った」ことにしか使われていないのです。

ヤマトタケルは大活躍したことになっていますが、その活躍に神剣は何の働きもしていない。つまり、これが草薙剣の能力なのでしょう。

それならば、そういう機能の刃物だったのではないかと私は考えたのですが、いかがでしょうか。**草薙剣とは「鎌刀」だった**からこそ、この名になったのではないかと。

ちなみに、一般にはあまり馴染みがないと思いますが、草薙剣には都牟刈大刀《つむがりのたち》という別名もあります。稲穂を「摘む」「刈る」という意味です。つまりこれもまた「鎌」を暗示しています。

熱田に伝わる実見記録から察すると、熱田の剣は渡来の銅剣（両刃）です。しかし天叢雲剣は、出雲由来であるから「鉄製」であると思われます。「むらくも」は鍛造鉄刀に特有の刃紋でしょう。スサノヲがこれを発見した時のくだりを思い出してください。

スサノヲがヤマタノオロチの尾を切ったら、スサノヲの刀の刃が欠けたというのです。これは、スサノヲの佩刀《はいとう》よりも草薙剣のほうが硬度が高いといっているわけですね。

単純に考えて、銅剣VS鉄刀で打ち合えば、必ず銅剣の刃が欠けます。鋳造された銅剣と、鍛造された鉄刀では硬度がまるで違うからです。

すなわち、天叢雲剣は鉄刀です。それもかなりの硬度を持つところから、出雲の玉鋼を日本式に鍛造したものでしょう。繰り返し折りたたみ、打ち延ばしていく日本刀独特の鍛造による「千枚鋼《せんまいはがね》」という構造の刀剣こそは、天叢雲剣であるはずです。そして鉄刀ならではの「叢雲」の刃紋があった。

それを見出したスサノヲは「都牟羽《つむは》の大刀《たち》あり」と述べています。つまり「稲穂を刈り取るための大きな刃物」だと。つまり「鎌」に似た大刀、内反り鉄刀のことでしょう。

だから、スサノヲは「異《け》しき物と思ほして（珍しいものと思って）」、アマテラスに献上するのです。しかも「草薙ぎの大刀」と名付けて。

つまり発見の段階から、草薙剣はすでに草薙剣と呼ばれていたはずです。名付け親は発見者・スサノヲでしょう。

●15 **石清水八幡宮**
京都府八幡市。祭神は八

ちなみに、武家政権を初めて樹立した源頼朝は、母の実家である熱田神宮を崇敬していました。しかし頼朝は鎌倉に幕府を開いた際に、源氏の氏神として皇室系の石清水八幡宮[15]を勧請し、鶴岡八幡宮[16]を創建しています。

頼朝は、血縁のある熱田神宮をなぜ氏神としなかったのか。周知の基準に従えば、熱田の御神体は究極の刀剣である草薙剣であるのだから、武家の筆頭としての源氏にこれほど相応しい神はないだろうに。しかも母の実家です。

その理由を、「熱田神は尾張氏の氏神」であったからではないかと私は考えています。もともとその神は、渡来氏族である尾張氏が信仰するものであって、天皇・皇室の神々の系譜とは別の系譜を持つものであったからではないでしょうか。

ところで草薙剣の分身は、皇居内の剣璽《けんじ》の間という部屋に置かれています。天皇陛下がやすまれる部屋の隣にあるそうです。

幡大神（誉田別命／ほんだわけのみこと、比咩大神／ひめおおかみ、息長帯姫命／おきながたらしひめのみことの総称）。誉田別命は第15代応神天皇、比咩大神は宗像三女神、息長帯姫命は応神天皇の母の神功皇后のこと。平安時代前期に八幡宮総本社の宇佐神宮から勧請された。源義家がここで元服をしたため（そのために八幡太郎ともいう）、武家からは武神として信仰された。

●16 **鶴岡八幡宮**
神奈川県鎌倉市。祭神は応神天皇（おうじんてんのう）、比売神（ひめがみ）、神功皇后（じんぐうこうごう）。1063年に源頼義が前九年の役での戦

つまり、毎日一緒にいるということなんでしょうね。皇祖アマテラスからいつもそばに置いておくように命じられたのは鏡なのですが、八咫鏡の分身は皇居内の宮中三殿に、そして草薙剣と八尺瓊曲玉《やさかにのまがたま》の二つが剣璽の間に置かれています。ちなみにこの剣は、伊勢神宮から献上されたものです。

おそらく、熱田のものとは姿形がまったく異なると思われます。●17 剣璽御動座《けんじごどうざ》の写真から推測しますと、細身のサーベルのような姿ですね。熱田の直刀とはまったく異なる様子です。

長らく剣璽御動座は中断されていましたが、近年再び復活して両陛下にご同行するようになりました。

勝を祈願した京都の石清水八幡宮を由比ガ浜に勧請したのが始まり。その後頼義の直系である頼朝が鎌倉に入ると幕府の宗社として整備し鎌倉武士の守護神となった。

●17 **剣璽御動座**
天皇が皇居を離れる際に剣（草薙剣）と璽（八尺瓊曲玉）を皇居から持ち出して、天皇に随行させること。戦前は天皇が皇居を１日以上離れる場合は必ず侍従が捧げ持ち随行したが、戦後はＧＨＱに廃止させられた。１９７４年に昭和天皇が伊勢参拝の際に復活させた。最近では２０１４年の今上天皇の伊勢神宮参拝で、20年ぶりに剣璽動座が行われることとなった。

平安時代

よみがえる東戎

新皇・将門の建国

東京のど真ん中にある手つかずの霊地

東京の中心はもちろん皇居ですが、日本のビジネスの中心もその真ん前にあります。皇居の正門である大手門の前に広がるエリアを大手町＆丸の内と呼びますが、ここには日本の名だたる大企業の本社が集中しているのです。箱根駅伝のゴールでもおなじみですよね（読売新聞社前）。

でも、この真ん中に、手付かずの霊地があるのです。

その名も「将門《まさかど》首塚《くびづか》」。

千代田区大手町1丁目にあります。現在は道路に面した南側以外、再開発で周りは工事中ですが、それ以前は各社別個に商社や銀行に囲まれていました。高層ビルが林立する中に、ポツンと平将門《たいらのまさかど》の首塚は存在します。

そのため、隣接するビルは、

「首塚を見下ろすことがないように、窓は設けない」

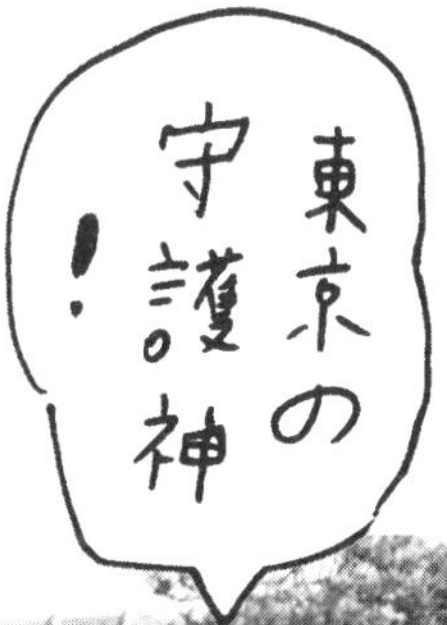

将門首塚

京都でさらされた将門の首が故郷に向かって飛んでいって落ちた場所とされるところに建立された将門首塚。1307年、首塚が荒れ果てて疫病が蔓延し、住民が将門の祟りだと怯えていたので、諸国遊行中の他阿真教上人が供養したところ疫病は終息したそうです。この地にあった日輪寺は神田明神の別当として将門信仰を伝え、江戸時代になって浅草に移転しますが、今なお神田明神とともに首塚を護持しています。

とか、

「首塚に対して尻を向けないようなデスク配置をしている」

などとまことしやかに噂されますが、実際にはどうなんでしょうね。都市伝説のたぐいともされていますが。

ただ、首塚の土地はビジネス街の中心にあるため、これまでに何度か撤去しようとされました。ところが、その都度、関わる者に事故が起きたことから、**「将門の祟《たた》り」などと噂されるようになった**ものです。おそらく、右の迷信じみた噂話も、これらのエピソードに由来するものでしょう。


今からほぼ千年の昔、藤原氏が全盛であった頃、関東は「東夷《あずまえびす》（荒々しい田舎者）」と呼ばれてさげすまれていました。自らの土地でありながら、自らの手で統治することも適わず、常に中央の支配下にあったのです。

しかし、土着のいわゆる地侍《じざむらい》は、すでにその以前から戦闘能力ナンバーワンと自他ともに認めるほどでした。日頃から平地を馬で駆け回って狩猟していたことで、自然に基本的な戦闘能力が備わったのかもしれませんね。

関東は平坦な土地がどこまでも広く続いており、それならば「独立国家」建設の誘惑にかられるのも自然の情といえるでしょう。

そのような背景のもとに決起したのが下総《しもふさ》（千葉県）の豪族で、桓武天皇●1の血を引く平将門でした。

将門は、中央の不当な地方統治に不満を抱く地侍の力を得て、その出向機関である常陸《ひたち》・上野《こうづけ》・下野《しもつけ》の各国府を占拠。東国全域にわたる支配権を奪取して、人々の快哉を受けます。

そしてついに、「新皇」と称して、東国を独立国家としたのです。

将門は、かつて京に上った折、一介の田舎侍として苦汁を飲まされた経験を持っており、その政策はまことに民主的であったといわれます。

●1 **桓武天皇**
かんむてんのう（737−806）。第50代天皇。桓武平氏の祖。奈良仏教の影響力を避けるため平城京を捨て、長岡京、平安京への遷都をおこなった。坂上田村麻呂を征夷大将軍にして蝦夷征討もおこなう。廃位した皇太子で弟の早良親王の怨霊を恐れ「崇道天皇」という追号を送った。

それにくらべて当時の中央政府は、藤原氏の私物化によって綱紀《こうき》は弛緩《しかん》しきっており、まともな行政が望めるような状態ではありませんでした。

しかし中央政府は、その鎮圧のために、同じ東国出身の武士である平貞盛[●2]・藤原秀郷《ひでさと》[●3]らを討伐軍に任命します。

これは察するに、毒をもって毒を征するの意図、また漁夫の利を得ようという意図であったと思われます。なにしろ、同じ平氏を討伐軍に任命したのですから。

それから戦闘となりますが、将門は不運にも流れ矢に倒れてしまいます。「新皇」を称して、わずか2カ月後のことです。ここに、関東のユートピアはついえ去ったのです。

伝説では、京の七条河原にさらされた**将門の首は、数カ月もの間、目を見開き、歯ぎしりを続けた**とされます。そして、

「わが五体はどこだ。首をつないで、もう一度、戦をするぞ」

●2 **平貞盛**
たいらのさだもり（生年未詳〜989）。将門とは従兄弟同士の関係（将門の父・良将は貞盛の父・国香の弟）。父の国香を将門に殺され、敵対関係となる。将門討伐に何度も失敗するが叔父の藤原秀郷の協力を得て「北山の決戦」で将門を討ちとる。

●3 **藤原秀郷**
ふじわらのひでさと（生没年不詳）。甥の平貞盛とともに平将門の乱を平定する。俵藤太（たわらのとうた）という名で近江三上山の百足退治の伝説を持つ。源氏・平氏と並ぶ武家の棟梁として多

と大音声を挙げたそうです。

そして、ある夜、首は白光を放って東の方へ飛んでいったため、京都には首塚がないのだそうです。

神田明神の存在理由

現在、大手町のオフィス街、ビルの谷間に埋もれるように「将門首塚」がありますが、乱後まもなく、首を葬ったものといわれています（首が京から飛んできたという伝説もあります）。

首のない身体は、茨城県の延命院（茨城県坂東市／茨城といっても、埼玉県と千葉県の境目で、東京都からもすぐ近くです）境内に葬られていました。現在「将門山」と呼ばれているところです。

江戸の地（たぶん首塚）に合祀されるまでは、将門の三女である如蔵尼が菩提

くの家系を輩出した。

を弔っていたそうです（そこからほど近い場所に国王神社●4が創建されています）。

ところが、それから360年以上も経って、江戸に疫病が蔓延します。それまでも、おそらくは事あるごとに将門の怨念について語り継がれてきたはずですが、この時ようやく住民の手で神として祀る気運が高まりました。そこで、もとからあった古社を改修し、「神田明神」として将門を祀ることとなりました。

「将門信仰」は、菅原道真を信仰する「天神信仰」と並んで「御霊《ごりょう》信仰」の典型ですが、その特徴は、**祟《たた》る神を祀ることでかえって強力な守護の神となす**ことにあります。

神道には、西洋の「神と悪魔」という対立した二元論のないのがむしろ特徴なのですが、それこそはこのように、悪神であっても懇切丁寧に祀りさえすれば、かえって強力な守護神になるということなのです。

神田明神（神社）は、現在、祭神を大己貴命《おおなむちのみこと》●5と少彦名命《すくなひこなのみこと》●6としています。平将門

●4 **国王神社**
茨城県坂東市。祭神は平将門命。平将門終焉の地に建つ。

●5 **大己貴命**
大国主神（おおくにぬしのかみ）の別名。古事記ではスサノヲの6世の孫、日本書紀ではスサノヲの息子となっている。スサノヲの娘であるスセリヒメと結婚した後にスクナビコナと協力して天下を経営し、葦原中国（あしはらのなかつくに）の国作りを完成させる。だが、高天原からの天照大御神の使者により国譲りをおこなう。出雲大社に祀られている。

は、相殿の神として間借りするような形で祀られています。しかしこれについては、少々いきさつがあります。

将門はそのクーデターが成った後、「新皇」と称しましたが、それを徳川家康が利用しました。京の朝廷を軽んずることによって、関東の将軍家に目を向けさせようという意図ですね。

その解釈の度が過ぎて、明治維新以後はかえって「朝敵」の汚名をこうむることになります。そのために、境内に別に小さな「将門神社」（摂社）を設けて、本殿は別の神とすることで時代の勢いを一時的にかわすことにしたのです。

その後、社殿が火事で焼けたために臨時に本殿に祀ることとなり、そのまま現在にいたっているのです。

しかし神田明神にとって、平将門が主祭神であることは、その信仰の様子からも明らかでしょう。神田祭が江戸三大祭りとしてにぎわうのも、単に政策から来

●6
少彦名命
大国主神の国土造成に際し、植物の実で作った船に乗って波間より来訪し、父・神産巣日神（かみむすびのかみ）の命によって義兄弟の関係となって国造りに参加した。医薬・温泉・まじない・穀物・知識・酒造・石の神など多様な性質を持つ。小さな神で一寸法師のモデルともいわれる。

るものではなく、長い間自らの手で将門を祀ってきた、その土地の住民の根強い信仰があればこそのはずです。

江戸三大祭りの神社は神田明神以外に、富岡八幡宮と日枝神社です。

「神輿《みこし》深川、山車《だし》神田、だだっ広いが山王様」

と江戸っ子は言い習わしてきました（神田の山車は震災や戦災で焼失し、現在は神輿が主流）。

深川の富岡八幡と神田明神は江戸城の鬼門の守りです。**山王の日枝神社は裏鬼門の守り**です。いずれも、徳川の政策によってそれぞれの地に鎮座したものです。

将門の生地である千葉県佐倉市のお隣の千葉県成田市にある成田山新勝寺は、反乱を起こした将門を調伏するため不動護摩の儀式を行ったのをその開山起源としています。そういった理由で、神田明神の氏子には今でも成田山新勝寺に参拝しない人が多いそうです。

東京にある将門ゆかりの場所としては、九段下の築土神社●7があります。江戸時代の文献によると、ここには平将門の首（頭蓋骨や髪の毛）そのものが安置されていたといわれ、数ある将門ゆかりの社寺の中で将門信仰の象徴的神社となっていました。明治になってから将門は相殿に格下げされ、現在は天《あま》津《つ》彦《ひこ》火《ほの》邇《に》々《に》杵尊《ぎのみこと》●8が主祭神となっています。

　戦災で焼失するまで、将門の首を納めたという首桶や将門の肖像画、木造の束帯坐像等が社宝として伝わっていましたが、戦災により社殿とともにそれらは焼失。拝殿の装飾や絵馬などには、巴紋のほか平将門に因んだ繋ぎ馬の紋が今も使用されています。

　他にも将門の兜が埋められていると伝わる日本橋の兜神社、将門の鎧が埋められているという北新宿の鎧神社などがあります。

●7
築土神社
東京都千代田区。940年に江戸の津久戸村（現在の千代田区大手町1丁目将門塚付近）に平将門の首を祀り、塚を築いたことから「津久戸明神」として創建。その後何度か移転して1954年に現在の世継稲荷の敷地内に遷座した。

●8
天津彦火邇々杵尊
天照大御神の孫。高天原から三種の神器を携えて「天孫降臨」した。コノハナノサクヤヒメと出会い、海幸彦と山幸彦をもうける。初代神武天皇の曾祖父にあたる。

将門は悪人だったのか？

ちなみに、日本三大祭りは、祇園祭（京都）、天神祭（大阪）、神田祭（東京）だそうです。

祇園は八坂神社でスサノヲ、天神は大阪天満宮で菅原道真、神田は言うまでもなく神田明神で平将門ですね。つまり、3社とも怨霊神を祀っているのです。**神社の祭りというものは、基本的に怨霊を鎮めるため**におこなわれていますから、三大祭りの実像がそうなっているのも当然なのでしょう。

また、そのほか関東全域にわたって将門信仰は色濃く残っており、将門がいかに東人《あずまびと》の夢をになった象徴的存在であったかがわかろうというものです。

以下は神社本庁に登録されているものだけですが、福島県3社、茨城県2社、栃木県1社、埼玉県1社、千葉県2社、東京都4社、岐阜県1社、静岡県1社、岡山県1社、広島県1社、佐賀県1社、合計18社です。うち13社が関東にありますね。

なお、「朝敵」の汚名については、神道の基本的な理念をもってすすいでおきましょう。さきほど指摘したように、悪神が悪神であり続けることは神道ではありません。そのことはかつて天照大御神に不敬の限りをつくしたスサノヲの例をみればあきらかですよね。

それに、「新皇」と称したのは、わずか2カ月ほどでした。それも客人として遇していた興世王《おきよおう》[9]にそそのかされたものです。将門は、ただただ勇猛な武将であって、人柄も「来る者は拒まず」とか「窮鳥懐に入ればこれを殺さず」のタイプでした。つまり、強くて、皆に慕われていた人物なのです。

なので、新任の国司と対立して評判の悪かった興世王を客人として受け入れ、常陸国で悪業をなして疎外されていた藤原玄明《はるあき》[10]も同様に受け入れました。そして、国府から彼らの引き渡し命令を拒んだのです。

●9 **興世王**
おきよおう（生年不詳－940）。平安中期の皇族。国司として武蔵国に赴任。やがて任地を離れ将門に身を寄せるようになり東国制覇を進言する。新皇を名乗った将門の下で中心人物となるが、将門の討ち死にの数日後に討たれる。

●10 **藤原玄明**
ふじわらのはるあき（生年不詳－940）。平安時代中期の坂東の土豪。玄明が将門に庇護を求めたことがきっかけで朝廷への反乱となっていった。将門の討ち死にの数日後に討たれる。

これが将門事件の始まりだったのです。もともと悪人だったわけではないのだと、おわかりいただけると思います。

ところで、前章でちょっとだけ紹介しましたが、鳥越神社の名前の由来について、もうひとつ異説があります。

鳥越神社は、将門の霊位を祀ったのが始まりだといわれています。

『平将門故蹟考』という書物に、

「将門の首の飛び越えし山といい、その霊を祀る」と書かれています。つまり、

「飛び越え」が「とりごえ」になったという説ですね。

なんと怖い由来でしょう。源氏親子の川越えか、それとも将門の首越えか。

同じ頃の話ですが、将門のほうが少しだけ早いというのが興味深いですね。

鎌倉時代

サムライ誕生

源氏の夢を実現した「武蔵七党」

将門にも匹敵する源氏三代の怨霊

一度は平将門に託されたものの、はかなくついえた坂東《ばんどう》の夢、それが武家政権です（坂東というのは関東の古名です。「相模国足柄の坂より東」という意味に由来します）。

しかしついに、鎌倉に幕府が開かれます。1192年、「イイクニ作ろう鎌倉幕府」と私の世代は学校で学んだのですが、現在では、鎌倉時代は1185年から始まったとされています。

実務上の支配権が公家から武家に移ったとされる年ですね。守護・地頭の任命を許可する勅許が下された年です（文治元年）。

1192年は、源頼朝[1]が征夷大将軍[2]に任じられた年です。たしかにこの年までには、鎌倉幕府としての政権はすでに確立されていました。

いずれにしても、この時点以後は「武家政権」となりますから、日本の最も重

[1] **源頼朝**
みなもとのよりとも（1147－1199）。源義朝の三男として尾張国熱田に生まれる。母は熱田大宮司の娘の由良姫。父が平治の乱で敗れると伊豆国へ流されるが、以仁王（もちひとおう）の平氏討伐の令旨を受けて挙兵。東国武士をまとめて鎌倉を本拠に関東に勢力を伸ばし、平氏を滅亡させる。その後、守護・地頭を設置して武家政治の基礎を確立。征夷大将軍に任ぜられた。妻は北条政子、子は頼家、実朝。

[2] **征夷大将軍**
東北地方の蝦夷征討事業を指揮する官職。「征夷」は、蝦夷を征討すると

大な歴史的転換点ですね。

もっとも、「征夷大将軍」という称号はこれよりだいぶ前に生まれていたもので、その文字の通り「東夷《あずまえびす》を征討する筆頭の将軍」という意味です。しかしその意味はやがて希薄になり、「武士の頭領」つまり「武士の親玉」くらいの意味になります。

後に徳川家のトップが「将軍」にこだわったのは、威厳を周知するのにわかりやすかったからでしょう。しかも「征夷」とくれば、●3坂上田村麻呂から源頼朝ときて、名実ともに「最強」を意味します。その血統を受け継ぐ者という意味で、歴史的に権威があるとしたからでしょうね。太政大臣とか右大臣では実感が湧かないかもしれません。

なお、これ以前は公家政権で、これ以後は武家政権になります。おおざっぱですが、そういう違いがあるのです。関東が表舞台に登場するのも、ここからです。

この後、武家政権は、実に明治維新まで続くのです。鎌倉から、一度は京都へ

いう意味。最初の征夷大将軍は奈良末期の大伴弟麻呂。次の坂上田村麻呂は阿弖流為（あてるい）を降して勇名を馳せた。鎌倉幕府を開いた源頼朝は「大将軍」の称号を望み、朝廷は坂上田村麻呂が任官した征夷大将軍を吉例としてこれに任じた。以降、武士による政権のトップの称号となって江戸時代まで続いた。

●3
坂上田村麻呂
さかのうえたむらまろ（758－811）。桓武天皇に重用され二度にわたり征夷大将軍を勤める。蝦夷征討に功績を残し、薬子の変では大納言へ昇進して政変を鎮圧するなど活躍。京都の清水寺を建立した。

戻りますが（足利政権）、戦国期を経てついに江戸（東京）へと中心は移ります。つまり鎌倉幕府は、最終的に東京を首都とするための前哨戦だったのかもしれませんね。

12世紀になって、ついに生まれた武家政権なのですが、実はこれを成し遂げた**源氏は、源頼朝一代限り**と言っても言い過ぎではありません。なにしろ2代目の頼家（頼朝の嫡男）は跡目相続時に、わずか18歳でした。

父の頼朝が「落馬」により急死したため、急遽跡目を継ぐこととなったのですが、実権は母方の北条氏[4]に握られます。これ以後は、鎌倉幕府というものの実態は「北条幕府」になります（つまり源氏幕府は頼朝のみ！）。

それにしても、武家の頭領が、よりによって「落馬」で急死というのは何やら怪しいですね。乗馬は何よりも得意なはずなのに。

もし謀殺であるならば、怨霊騒動がありそうなものですが、北条氏によってひ

●4 **北条氏**
頼朝の妻・政子の実家。政子の父・時政は頼朝の挙兵に協力し有力御家人となって初代執権となる。息子の2代執権義時の時代から有力御家人を排除し、執権政治を確立。3代将軍実朝暗殺の後は京都から将軍を迎えた。16代執権守時の代で滅亡。

た隠しにされているのかも？

しかもその跡目相続者が、まだ何の実績もない18歳の若者というのもますます怪しい。今に至るまで陰謀説が消えないのは当然でしょう。

頼家はもとから病弱だったそうで、相続から3年後には幽閉。しかも、すぐに暗殺されてしまいます。享年は21歳でした。

こちらも怨霊になっていないと変ですね。頼家を立てる比企氏と、頼家の弟の実朝を立てる北条氏との権力争いがあって、比企氏が負けたためといわれます。

そして3代目が実朝です。頼家の弟で、頼朝の次男です。頼家の追放にともなって征夷大将軍に就任。わずか12歳でした！　この年齢で国家権力を振るえるはずがないですよね。だからもちろん、北条氏のお飾りでしょう。

北条氏の期待通り、実朝は武士であるよりも公家であったといったほうが正確で、京との往来も頻繁でした。歌人として名高く、『金《きん》槐《かい》和《わ》歌集《かしゅう》』で知られていますし、百人一首●5にも選ばれています。

●5 **百人一首**
100人の歌人の和歌を一人一首ずつ選んでつくった秀歌撰。藤原定家が京都・小倉山の山荘で選んだとされる小倉百人一首が有名。13世紀の前半と推定される。小倉百人一首に収められた実朝の歌は「世の中は つねにもがもな なぎさこぐ あまの小舟の 綱手かなしも」。

そんな評価もあったからでしょうか、武士としては初めて右大臣になったのですが、その直後に暗殺されてしまいます。大雪の中、夜間に鶴岡八幡宮の神拝を終えて退出しようとした時に。

犯人は、頼家の息子であり、八幡宮の別当でもある公暁《くぎょう》でした。彼によって斬り殺された時、実朝は26歳。実朝には、子がなかったため、源氏の頭領家はこれにて滅亡です。わずか三代で滅びてしまいます。

これは将門にも匹敵する怨霊群でしょう！

お〜い、怨霊〜！　源氏三代の怨霊、や〜い！

鶴岡八幡宮の階段脇にでも出てきて、ぜひにも真相を聞かせてほしいですね。それとも将門が首塚に引っ張り出してくれますか。将門は「日本三大怨霊」の一人であり、しかも菅原道真の生まれ変わりとまでいわれていますから、ふさわしい役回りかもしれません。大怨霊の将門から声をかけられたら、さすがの源氏三代も否とは言えないでしょうしね。

鶴岡八幡宮

出るか、源氏三代の怨霊!?

3代将軍実朝を暗殺した公暁は、鶴岡八幡宮の本宮へ続く大石段の脇に聳えたつ大銀杏に隠れて待ち伏せて切りかかったといわれています。この銀杏は「隠れ銀杏」という別名を持ち、鶴岡八幡宮のシンボルとされてきましたが、2010年の強風で根元から倒壊。３つに切断され、根元から４メートルまでが元の場所から少し離れた場所に移植されました。元の場所から生えてきたヒコバエも移植した切り株も元気に生育中です。

そして恨みを晴らしてください。どうすれば晴れるのかは、わかりませんが。

しかしながら鎌倉幕府は、頼朝が構築した合議制が機能して、この後約１５０年間続きます。さらに、足利幕府、戦国時代を経て徳川幕府にいたるまで、「武家政権」の時代の文字通り「さきがけ」となるのです。

「源氏こそは武家の頭領」

とは、よくいわれる言葉です。武田信玄も織田信長も徳川家康も使っていましたし、武士たる者には憧れであったようですね。**清和源氏**[6]**の血を引く人物こそが「武家の頭領」**であり、「幕府の長」「征夷大将軍」であるとされたのです。だから、武士の頂点に立つと、皆が皆、「源氏」を名乗りたがりました。

信玄や家康のような田舎侍が「源氏」を名乗るのはかなり無理があるのですが、それによって天下を統べる資格があるとほのめかしていたのです。「武家の頭領」こそが「征夷大将軍」にふさわしいとする共通認識ができあがっていたので

◉6 **清和源氏**
第56代清和天皇の皇子・諸王を祖とする源氏氏族。姓(かばね)は朝臣。源氏には祖とする天皇別に21の流派(源氏二十一流)があり、清和源氏はそのうちのひとつ。清和天皇の皇子のうち4人、孫の王のうち12人が臣籍降下して源氏を称した。なかでも第6皇子貞純親王の子・経基王(源経基)の子孫が著しく繁栄した。中級貴族であった経基の子・源満仲(多田満仲)は中央における武門としての地位を築き、摂津国川辺郡多田の地に武士団を形成した。彼の子である頼光、頼親、頼信らも勢力を拡大。のちに主流となる頼信流の河内源氏が東国の武士団を支配下に置

す（家康は後年、実際に「源朝臣家康」と文書に署名しています）。

わが家の近所（東京都文京区）に「源氏」という鰻屋があるのですが、関係ないですかね。なぜか京風の味付けですが。

江戸は豊島区から生まれた!?

さてところで、右に示したように、源氏が本当に武家の頭領であったのは、頼朝一代限りなのですよね。鎌倉政権の実態は北条氏に、もっと言えば、坂東の武士団にあったのです。

彼らは心底、強かったのです。将門がすぐに討たれてしまったのでおとなしくしていましたが、担ぐ神輿がありさえすれば虎視眈々だったに違いありません。そこへ、絶好の神輿が現れたのです。頼朝が伊豆に流罪となったのは、坂東武士にとってまさにチャンス到来でした。


いて台頭し、源頼朝の代に武門の棟梁として鎌倉幕府を開き、武家政権を確立した。

鎌倉殿＝頼朝を主として仕えた東国武士を「御家人《ごけにん》」と呼びます。江戸時代まで引き継がれる忠実なる直属の武士たちのことです。「家人」を丁寧に言ったものですね。

御家人こそは、武家政権の実力の証しです。そしてその基本は「奉公」と「御恩」という互恵の関係にあります。

御家人は、いざという時に駆けつけて働き（軍役＝奉／「いざ鎌倉」と言い習わしていました）、幕府への米銭の上納義務（公事《くじ》＝公）という「奉・公」がありました。

それらに対して幕府は、「所領の安堵」と「新たな恩給の供与（土地と地位の供与）」を御恩としておこないます。現在の「義務と権利」の先駆けですね。納税義務があるかわりに投票権などがあるという、まあそんなことです。

これが、幕府と御家人の関係です。私たちが抱いている**「奉公」という言葉のイメージは、忠義とか忠誠といった道徳的なものが強いようですが、もともとは**

雇用関係に近いものなのです。

だから、「忠臣は二君に仕えず」などと言いますが、これは江戸時代に入ってから儒教の思想的影響によるものです。実際に、鎌倉時代の御家人は、同時に複数の主君に仕えたりもしていました。まだ、鎌倉殿（頼朝）が絶対的な権力を得たかどうか判断が付かなかったからです。

もちろんそれも、征夷大将軍に任命されたのと前後して収束していきますが。

この頃に武蔵地域に起こったのが在地武士団です。これを「武蔵七党」と称します。東京・埼玉に領地を持つ武士団です。

いくつか説がありますが、おおむね以下の氏族グループをそう呼びます。横山党、猪俣党、野与党、村山党、西党（西野党）、児玉党、丹党（丹治党）です。

これらの士族は源氏滅亡後も北条氏に仕えて、元寇[7]などでも大活躍していますね。

ほとんどは名字として現在まで残っていますが、丹党だけは○の中に「丹」と

[7] **元寇**
元とその属国である高麗によっておこなわれた2度にわたる日本侵攻（蒙古襲来）。1度目が文永の役（1274）で2度目が弘安の役（1281）という。時の執権・北条時宗がこれを退けた。

いう文字が入っている家紋を用いているだけで、名字は様々です（ちなみにわが家もそうです。一族にはいろんな名字の者がおりますが、家紋だけは○に丹で共通しています。特殊なため一般の家紋帳にはありませんが）。

彼らが頼朝の家人となったことで、精強なる鎌倉武士団が成立します。鎌倉幕府開設の基となった治承・寿永の乱◉8では、とくに東京出自の豊島氏、足立氏、葛西氏たちが大活躍して、全国にその名を轟かせます。

ご存知のように、彼らの氏名は今も東京都内の地名として残っていますね。豊島区と足立区、そして江戸川区の葛西臨海水族園に。葛西は地区の部分になってしまいましたが、**豊島区と足立区は、そんな昔の鎌倉時代から豊島氏、足立氏の領地**だったんですね。しかも、彼らこそは御家人の始まりなのです。

同時期に秩父から秩父重継が豊島郡の江戸郷にやってきて江戸氏を名乗ります。居城を構えたのが現在の皇居（江戸城）のあたりです。そう、これこそが「江戸」の発展の始まりなんですね。つまり「江戸」は、豊島区から生まれたのです。

◉8
治承・寿永の乱
平安時代末期の治承4（1180）年から元暦2（1185）年にかけての6年間にわたる大規模な内乱。後白河法皇の皇子・以仁王（もちひとおう）の挙兵を契機に各地で平清盛を中心とする平氏政権に対する反乱が起こり、最終的には平氏政権の崩壊により源頼朝を中心とした鎌倉幕府の樹立という結果に至る。

東国武士団の強さの理由

それにしても、なぜ、坂東の武士たちは強かったのでしょう。また、そもそも関東に「武士」が発生したのはなぜなのでしょう。

関西でも九州でも良かったし、瀬戸内海地方は海士《あま》の、東北地方は猟師の伝統がありますから、これらを組織すれば優秀な兵士になったことでしょう。しかし、武士は関東に発生しました。

実は**「一所懸命」という言葉にその秘密は潜んでいます**。

「一所懸命」という言葉は、後世になって「一生懸命」と言い換えられますが、元々は「一所」が正しいのです。

つまり、命懸けで土地（所領）を守る、という意味です。

領地こそは、土着の氏族の命だったのです。

関東平野という広大な平地こそは、米の収穫のおおもとですから、その土地に

依拠した者が武士となります。よそ者の侵略から土地を守るための用意ですね。実際に撃退つまり小さな戦闘もひんぱんにおこなわれています。

日本人の「土地信仰」は、鎌倉時代の武士（御家人）に発するのです。

つまり、**東京は日本人の土地信仰の出発点**なんですね。どうりで、銀座の鳩居堂前が毎年日本一高価な土地であるはずですよね。

京都・大阪でも、こんなケタ違いの値段が付く場所はありません。これはやはり、一種の「信仰」のようですね。

ここが、これまでの権力者であった公家と根本的に異なるところです。

土地への執着は、実は武士のものなのです。そして、その執着心こそが強い武士を生み出す原動力のひとつになったのでしょう。

坂東武士が戦闘で活躍したもうひとつの理由は、**「馬術」**です。

そして、「馬」が付く東京の地名といえば、なんといっても「練馬区」ですね。

もとは豊島区に練馬郷という地域があったのですが、広すぎて不便だということで、後々に一区として分離されたものです。

鎌倉時代に、豊島氏の家臣で馬術の名手がいたそうです。彼は幕府から馬の訓練を任されて、牧場を運営していました。馬を馴らすことを「練る」ということから、「練り馬」という言葉が生まれ、その地域の呼び名が「練馬」になったともいわれています。

東京をはじめとする関東地方は日本随一の広大な「平野」です。したがって、どこへ移動するにしても「馬」は必需品なのです。まして戦闘ともなれば、馬術に巧みかどうかが勝敗を左右すると言ってもいいでしょう。

鎌倉の鶴岡八幡宮の参道で「流鏑馬《やぶさめ》神事」がおこなわれるのはその象徴です。駆ける馬の上から弓を引いて静止している的を射る――これこそ典型的な馬上の闘いです。馬術と弓術の融合です。公家には難しい、坂東武士ならではの技ですね。平時でも、この技を競うのが鎌倉武士というものです。

このことは後々、江戸の武士階級にも継承され、平時でも互いに競い合うようになります。

ちなみに「ウマ」は大和言葉です。これに「馬」という漢字を充てたのは、弥生時代後期から飛鳥時代前期の頃でしょう。漢語では「バ（漢音）」もしくは「メ（呉音）」ですから、「ウマ」という発音は日本独自のものです。

これについてはいろんな説がありますが、「オオマ」から来たのではないかという説に、私も賛成です。青森県にある地名の「大間」と同じですね。大間はマグロ漁で有名ですが、古くはウマの名産地だったのかもしれません。なにしろ、その地方の豪族である南部氏を、南部地方の地頭に頼朝が任命したのは、ウマの管理が目的だったからという説があるくらいですから。

また、大國魂《おおくにたま》神社には、その昔、馬の轡《くつわ》がずらりと居並ぶほどに武士の参詣者

大國魂神社

一之宮から六之宮まで全部そろってます

創建は景行天皇41年というのでヤマトタケルが活躍した時代です。祭神となっている大國魂大神がこの地に降臨し、地元の住民が祀ったのが始まりといわれています。1062年の前九年の役の際に源頼義・義家親子が寄進した欅の苗1000木が現在、国の天然記念物に指定されている「馬場大門のケヤキ並木」の起源。大國魂神社の本殿はもともとは通常の神社のように南向きでしたが、1051年に源頼義により東北地方を神威によって治めるために北向きに改められました。

があったそうです。もとの国府がこの近くにあったようですが、国府が設置されるよりはるか昔から、ここは関東南部（つまり現在の東京都）の中心地でした。

大國魂神社は、武蔵国の一之宮から六之宮まで合わせて祀っているので、「六所宮」とか「総社」と呼ばれています。

東京都内に領地のあった武士団はもちろんですが、埼玉県各地の武士団や、神奈川県、千葉県に相当する地に領地を持つ在地武士団までもが信仰していました。

大國魂神社こそは、坂東武士の心の糧だったのでしょうね。

室町〜戦国時代

「江戸風水」の完成

江戸重継・太田道灌が発見した江戸城天守

都市を守る4匹の神獣

東京は、**「日本最大の風水都市」**です。

京都が「風水都市」であるのはあまりにも有名ですね。それにくらべたら、東京が風水都市であることは、案外知られていないかもしれません。

それは、京都のように日常的に語られる機会がないからなのですが、もうひとつ重要なポイントは、「四神」がどれだかよくわからないためでしょう。

四神というのは東南西北の4つの方角に鎮座するとされる「4匹の神獣」です。青龍《せいりゅう》、朱雀《すざく》、白虎《びゃっこ》、玄武《げんぶ》です。

この4種は、いろんな場面で使われているので耳にしたことはあると思います。有名なのは「会津《あいづ》の白虎隊《びゃっこたい》」や「京都の朱雀大路《すざくおおじ》」、「千葉道場の玄武館《げんぶかん》」、「関《かん》羽《う》の青龍刀《せいりゅうとう》」などでしょうか。

なぜこの名前が付いているのかはそれぞれの理由がありますので、どうぞ検索してみてください。ほかにもたくさんあります。

では、四神とは本来はどういう意味なのか、ちょっと難しい話になりますが、東京の成り立ちに大きく関係しているので説明しておきますね。

なお、色彩は「陰陽五行説」に基づいてそれぞれの方角に当てはめられたものですから、これにも相応の意味があります（詳細は長くなるので省略）。

1週間の曜日の呼び方のうち、月（陰）と日（陽）を除いた5種類でもありますから、お馴染みですよね。順番がちょっと異なって、木《もく》火《か》土《ど》金《ごん》水《すい》と呼び習わしています。四神に含まれていない「土」は、4つの真ん中のことです。

まず、東には「青龍」。

青い龍ですね。キトラ古墳[●1]の壁画などでも知られるようになりましたが、東側に青い龍神がいるのを良い地形としています。

これはもちろん象徴的な意味ですから、青い龍に見立てる存在が「山岳」で

●1 **キトラ古墳**
奈良県高市郡明日香村の阿部山に築かれた古墳。東西南北の四壁の中央に四神の青龍、白虎、朱雀、玄武が描かれている。7世紀末から8世紀初め頃に作られたとされ、年代などから、天武天皇の皇子、もしくは側近の高官の可能性が高いと見られている。

あったり「森林」であったり「河川」であったりします。

南には「朱雀」。

朱い雀ですね。支那でいう鳳凰《ほうおう》のことです。手塚治虫さんの漫画で知られる『火の鳥』がこれです。エネルギーを溜める場所という意味で、南から陽光が差すことを意味するので、「湖沼」や「平地」などを表します。

西に「白虎」。

白い虎ですね。四神の中で唯一実在する動物ですが、昔の支那ではホワイト・タイガーは伝説上の生き物だったのでしょう。強くて白い神獣が西側を守護するとされていて、岩だらけの「山岳」や、外敵の侵入を防ぎ、なおかつ兵士を布陣できる「長城」などを意味します。

北に「玄武」。

玄《くろ》い武ということになりますが、これは難解で、いくつか異説があります。一般には「亀」と「蛇」がからみあっている図で示されます。亀がメスで、蛇がオスだとされますね。もちろん勘違いからきてますが。

しかし、それならたぶん、亀ではなく「スッポン（鼈）」でしょうね。スッポンと蛇は、それぞれが雌雄の姿でつがいであると、古代にはそういう伝説がありました。まだ生物学や動物学が成り立っていない時代ですね。亀やスッポンの甲羅を兵士の鎧《よろい》に見立てて、「武人」だという解釈もあるようです。

「玄い」は「黒い」や「暗い」でもあるので、冥界つまり先祖の世界を表すともされます。そこから、「先祖の国」つまり「祖山《そざん》」といった意味にもなっているようです。いずれにせよ、風水地のエネルギー源、最重要ポイントです。

そしてこれらの指し示す真ん中こそが「黄土」です。黄色い大地。聖なる者の住まうべき地点ということになります。

京都では、東南西北の四神がはっきりしています（本当はそうでもないんですが）。東の青龍は鴨川、南の朱雀は巨椋池《おぐらいけ》、西の白虎は山陰道、北の玄武は船岡山とされています。細かい考証は置いといて（詳論は、拙著『日本風水』をご覧ください。一応、検証してます）、昔からそういわれています。

ちなみに京都は近現代の支那風水にも合致しています。北の貴船山、船岡山と、南の甘南備山をつなぐのは南北ライン。東の大文字山と、西の西山をつなぐのが東西ライン。この2つが正しく十文字にクロスして、そのクロスポイントに平安京の大極殿がありました（その後に御所は火災に遭う度に東へ移動したので、今は東北方向の端っこにありますが）。こうやって最重要のクロスポイントを発見する方法を「天心十字法《てんしんじゅうじほう》」といいます。

関東全体で支える東京風水

さてそれでは、江戸・東京の「四神」は、どうなっているのでしょうか？

次のページで図に示しましたが、よくよくご覧ください。

東京の四神

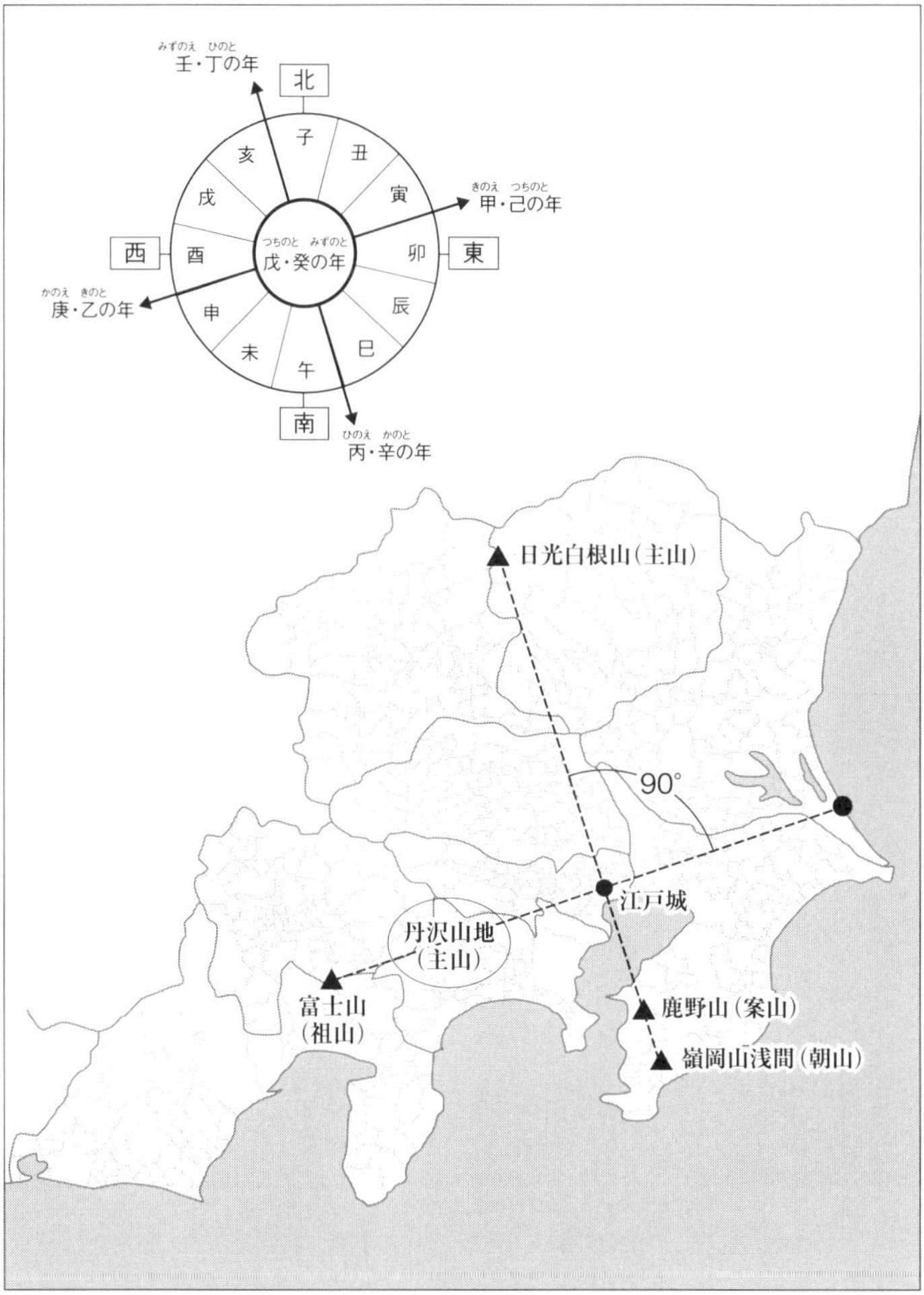

東京の四神は東京から大きく離れ、関東全域で東京を守っていることになります。その中心にあるのが江戸城です。

皇居＝江戸城が、まさに風水の天心十字法に合致しているのがはっきりわかりますよね。そして、それを証明する「四神」が、実は都内には存在しないということもわかりますよね。それぞれはるか彼方の遠方に存在しますよね。

そうなんです、**東京の風水は京都よりもはるかに大きい**のです。

京都の風水が京都府内におおよそ収まるのにくらべると、東京の規模の大きさがよくわかります。東京の風水は、関東全体で支えているのです。

風水は、もともと都を定めるため、都にふさわしい土地を探すための技術です。風水の発祥地である大陸でもそうでした。歴代の都のほとんどは、風水によって選定されています。

日本でも、この技術を習得して以来、都はすべてこれによって定められてきました。藤原京[2]から始まって、平城京[3]や平安京[4]はもちろん、現在の東京（江戸）まで、ひとつの例外もなく風水によって定められています。

●2 **藤原京**
奈良県橿原市と明日香村にかかる地域にあった飛鳥時代の都城。694年から710年までの16年間、平城京に遷都されるまで日本の首都とされた。持統・文武・元明の3代にわたって居住した。

●3 **平城京**
唐の都・長安城などを模倣して建造されたとされ、現在の奈良県奈良市及び大和郡山市近辺に位置していた。藤原京から平城京への遷都は文武天皇在世中に審議が始まり、708年には元明天皇により遷都の詔が出され、710年に遷都された。その後、恭仁京や難波京への遷都によって一時的にさてそれでは、東京（江戸）の風水はどうなっているのでしょう。図を見れば一目瞭然なのですが、ちょっと説明しておきましょう。

風水で一番に重要なのは、北に山があることです。これを祖山・主山などと呼んで、子孫代々に、ここからエネルギーがもたらされると考えられています。日本では、この山をカンナビといいます。神奈備、甘南備、神名火などの字が充てられています。そして古くから信仰の対象になっています。

崇敬されている山の南麓には、たいてい町の中心があります。つまり、玄武＝カンナビですね。

ところが東京都は、北側を眺めて見ても、山らしい山がありません。いったい、どこにカンナビがあるのでしょう？

実は、東京のカンナビは、はるか彼方にあります。なにしろ関東平野は日本最大の平地ですからね！　そう簡単に山などあるはずがありません。


放棄されるが、784年に長岡京に遷都されるまで政治の中心地だった。

●4
平安京
桓武天皇によって長岡京からの遷都地に選ばれ、唐の首都・長安城に倣って計画都市として794年、山城国に建設された。現在の京都府京都市・京都市街であり、当時の街路をほぼそのままに主要都市として現存している。

東京の中心から、おおよそ100キロメートル北方に峻険な高山があります。これこそが日光白根山です。標高2578メートル。関東以北では最高峰です。これこそが東京のカンナビであり、祖山・主山なのです。

東京に最初に注目した江戸重継[5]（平安時代末期から鎌倉時代）も、遙かに望むこの高峰を当然ととらえていたことでしょう。重継は桓武平氏の末裔で、秩父氏当主の四男でしたが、平安末に武蔵国江戸郷を相続します。その時から江戸四郎と称して、江戸の地の貫主（支配者のこと）となります。

重継は居館を「桜田の高台」に構えたと伝えられます。桜田といえば、皇居の桜田門が思い浮かぶでしょうが、後の江戸城本丸あたりであったろうとされます。かつてここには大宝2（702）年創建と伝わる、江戸で最も古い地主の神社があり、江戸氏はそれを氏神として祀りました。今その神社は江戸神社[6]として神田明神境内にあります。

この場所を引き継いだのが太田道灌（室町時代後期／1432～1486）で

[5] **江戸重継**
えどしげつぐ（生没年不詳）。平安時代末期の武将。桓武平氏の平将常を祖とする秩父氏の当主・秩父重綱の四男。重継は武蔵国江戸郷を相続、「江戸四郎」を称して江戸氏を興す。桜田の高台（後の江戸城本丸、二の丸周辺）に居館を構えたという。子の重長は源頼朝に従って活躍し、鎌倉幕府の有力御家人となった。

[6] **江戸神社**
東京都千代田区。祭神は建速須佐之男命（たけはやすさのをのみこと）。江戸氏が多摩郡喜多見村に移住した後も引き続き江戸城内で祀られるが、1603年の江戸城拡張

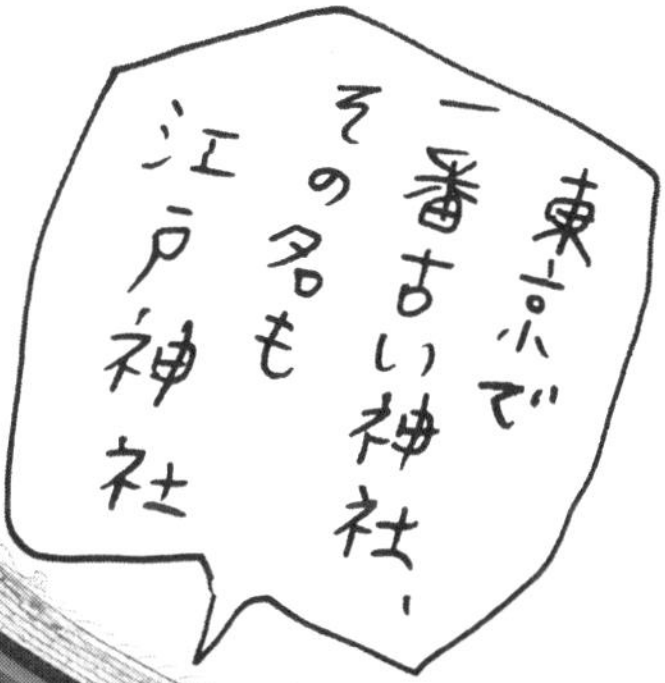
東京で
一番古い神社、
その名も
江戸神社

江戸神社

江戸神社
江戸神社
奉
献

神田明神の本殿のまわりにはいくつもの摂末社があり、江戸神社は向かって左側にあります。いずれも建速須佐之男命を祭神とする三天王（江戸神社、大伝馬町八雲神社、小舟町八雲神社）が並んで建っており、江戸神社は千貫神輿といわれる大きな神輿を社殿の中で御神座としています。

す。「道灌堀」や「道灌山」などの地名にその名は残っていますから、読者にも馴染みのある名前でしょう。彼こそは、江戸城を築城し、鬼門の守護として表鬼門に筑土神社や柳森神社[7]、城内鎮守には山王日枝神社（後に裏鬼門に遷座）など多くを勧請しました。

道灌は、築城の名手としても有名で、このほかにも河越城（埼玉県川越市）なども建設しています。

徳川家康は、太田道灌の居城をそっくり引き継いで、ここを徳川の守護の要としました。そして日光二荒山神社[8]を整備し、後に日光東照宮が築かれることになります。

日光白根山そして日光三山[9]が江戸の主山ですが、その大元となる祖山は、実は富士山です。関東全域の風水の中心である富士山から発するエネルギー（風水では「龍脈《りゅうみゃく》」といいます）は、南アルプス、八ヶ岳、丹沢山地によって四囲に流れています。

により神田明神とともに神田台へ移り、1616年に現在地に遷座した。

●7
柳森神社
東京都千代田区。祭神は倉稲魂大神（くらいなたまのおおかみ）。1458年に太田道灌が江戸城東北方面の鬼門除けとして伏見稲荷大社から祭神の宇迦之御魂（うかのみたま）を勧請して創建。

●8
日光二荒山神社
栃木県日光市。祭神は二荒山大神（大己貴命／おおなむちのみこと、田心姫命／たごりひめのみこと、味耜高彦根命／あじすきたかひこねのみことの総称）。日光三山を神体としている。767年日光白根山もその山脈のエネルギーを発する山であって、また富士の東に位置する丹沢山地も主山に準ずる形となって、**江戸は富士のエネルギーに抱かれるように位置する最高度に恵まれた場所**となっているのです。

このエネルギーを保持するのは南に位置する水朱雀である江戸湾、そしてその先に案山[10]たる鹿野山《かのうざん》と、朝山たる嶺岡山浅間が控えて、完璧な風水適地を形成しています（ちょっとわかりにくいですね。このあたりは読み流してください）。

ちなみに鹿野山の山頂には真言密教の霊場として有名な神野寺《じんやじ》があって、ここは家康によって手厚く保護されて大いに発展したものです。

風水適地だったから東京は発展した

話が前後しましたが、青龍（東）に相当するのは千葉の房総半島です。

房総半島は関東で唯一「照葉樹林」地帯であり、今もなお照葉樹の森が残って

に下野国の僧・勝道により創建。下野国一宮。

●9 **日光三山**
二荒山神社の神体となっている山で、男体山、女峯山、太郎山の三山。

●10 **案山・朝山**
案山は龍穴（エネルギーが集まる場所）から見て、前方に見える景観（山並みや構造物）のこと。朝山とは案山の更に先にある山並みのことで、二つを合わせたものを「案朝山（あんちょうざん）」という。案山から朝山に向けてだんだんと高くなっていくのが良いとされる。

います。古神道に云うヒモロギ[11]は、実は照葉樹林のことであって、いわゆる「鎮守の森」がこれにあたります。

「千葉」の名は、生い茂る豊かな緑をそのまま地名としたもので、かつては誰が見ても「千の葉の森」でした。東京都心部から直線距離では近いにもかかわらず、神奈川や埼玉のように発展することなく、近年までヒモロギとして良く保たれていたのです。

しかし残念ながら、ゴルフ場造成ブームという突如として始まった乱開発は、房総の森を斑《まだら》模様にしてしまいました。羽田発着の航空機に乗って、離着陸の際に上から見ると悲しくなります。房総半島は、ゴルフ場模様になってしまっているのです。さらにそこに産廃の不法投棄が追い打ちを掛け、今や房総のヒモロギは危機に瀕しているのです。

白虎（西）は、丹沢山地の独立峰・大山の磐座《いわくら》・磐境《いわさか》です。

[11] **ヒモロギ**
神道において神社や神棚以外の場所で祭祀をおこなう場合、臨時に神を迎えるための依り代となるもの。古来、日本人は自然の山や岩、木、海などに神が宿ると信じ、信仰の対象としてきた。そのため、古代の神道では神社を建てて社殿の中に神を祀るのではなく、祭りの時はその時々に神を招いてとりおこなった。その際、神を招くための巨木の周囲に玉垣をめぐらして注連縄で囲うことで神聖を保ち、古くはその場所がヒモロギと呼ばれた。

125ページの図でご覧のように、江戸・東京の天心十字の線は、左回りにわずかにずれています。しかしこれは、「恵方《えほう》」の角度に正しく重なります。ちなみに恵方という概念は日本の陰陽道に独自のものであって、ほかにはありません。歴代の宮都すべてが子坐午向（真北を背に南面すること）であるにもかかわらず、江戸・東京のみが恵方に合わせた天心十字なのです。これこそは、江戸の街の螺旋水路（詳しくは次の章で）とともに、日本風水の発露の証であるでしょう。

朱雀（南）は、南の天より江戸の地を照らす日輪（太陽）です。

また、すでに述べましたが、大地のエネルギーをとどまらせる水朱雀としての東京湾です。

以上、東京が風水適地であることがよくわかりますね。だからこそ、江戸重継も太田道灌も徳川家康も、この地を選んだのです。もっとも家康は、秀吉に強制されて江戸へ移ったとされています。

秀吉が本音ではどう考えていたのかわかりませんが、関東の地を徳川に開発させようとしていたのかもしれません。そうであれば、秀吉の深謀遠慮は、みごとに実ったということになりますね。発展しすぎて、最終的に大坂方は負けてしまいますが。その後の江戸の繁栄ぶりはもちろん、東京の発展の様など、まさかここまでとは「大坂第一」の秀吉には予想もつかなかったでしょうね。

なお、写真は皇居の中の江戸城天守閣跡、すなわち江戸城の天守が建っていたところの現在の姿です。誰でも見学できます。現在は礎石と石垣だけ残っていて、再建の噂はあるのですが、長く放置したままです。明暦３（１６５７）年の大火災、いわゆる「明暦の大火」●12で全焼してからですから、もう３６０年も経っています。

復元されていないのは、当時の正確な図面がないのが最大の理由ですが、どう

●12
明暦の大火
外堀以内のほぼ全域、天守を含む江戸城や多数の大名屋敷、市街地の大半を焼失し、死者数については諸説あるが3万から10万と記録されている。延焼面積・死者共に江戸時代最大。出火原因から「振袖火事」ともいわれる。

江戸城天守閣跡

最初の天守閣は1607年に完成し、その後大修築され、1638年に外観５層で内部６階、地上からの高さ58メートルという国内最大の天守閣が完成しました。しかしわずか19年後に明暦の大火で焼け落ちて、翌年に加賀藩前田家の普請により高さ18メートルの花崗岩でできた天守台が築かれますが、城下の復興を優先すべきという理由で天守閣は再建されることはありませんでした。現在、東西約41メートル、南北約45メートル、高さ11メートルの石積みが残っています。

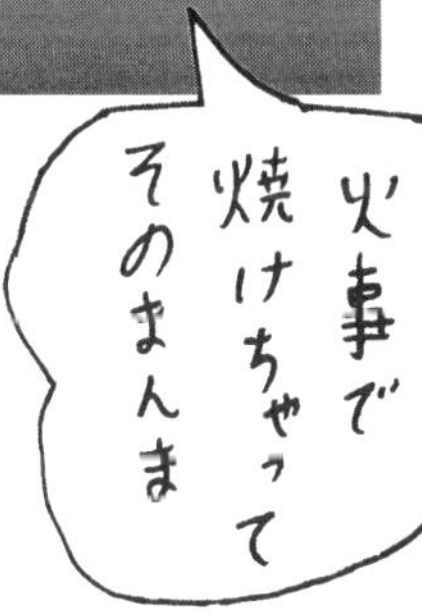

やら基礎から作り直さなければならないようです。江戸城そのものの復元となれば、予算も相当なものでしょうね。なんといっても、日本一の城郭だったのですから。

でも、このままでは、歴代の将軍が亡霊となって「うらめしや」と出てきそうですね。大手門前の将門さんまで引き連れてきそうですから、早いところ再建の号令をかけてほしいものです（亡霊たちにお目にかかってみたい気も、ちょっとだけしますけどね！）。

戦国〜江戸時代

新世界「下町」の誕生

湿地に泡の如く生まれた町人租界

江戸っ子気質とファスト・フード

「江戸名物は　火事に喧嘩にちゅうっぱら　伊勢屋　稲荷に犬の糞」

この言い回し、皆さんは聞いたことがありませんか？

ほかにも、

「火事と喧嘩は江戸の華」

という表現もありますよね。どちらも落語にはしばしば登場する表現です。いずれにしても、なんだか物騒で殺伐としてますね。

でも、これこそが「江戸文化」というものなんです。

江戸というものは、最初から建築中で、しょっちゅう大火事で焼けるから、年がら年中建築中でもあったのです。だから、とび職や大工に左官などの需要が常にあって、農家の次男以下はいくらでも吸収できる街だったんですよね。しかも、そうなると男ばかりになるから、女性の数が絶対的に足りない。

これは、後々に江戸幕府が参勤交代を命じるようになっても同様です。年中、屋敷の普請があったことにもよりますが、大名行列には女性はほとんどおりません。お偉いさんから下っ端に至るまで男ばかりです。下働きの女中奉公は、江戸で調達しました。ついでに、下半身のほうのお相手の調達も、ですね。

そういったことで、江戸時代の**江戸の町の男女比は２：１で男が圧倒的に多かった**そうです。

では、江戸のキャッチ・フレーズについて、意味も解説しておきましょう。「火事」と「喧嘩」は説明不要でしょうけれど、「ちゅうっぱら」はなんだかわかりませんよね。漢字では「中腹」と書きますが、つまり「中っ腹」、ストレスがたまってイライラしていることです。これ以上になるとイライラを通りこして「腹立ち」となります。江戸っ子が喧嘩っ早いのは、どうやらいつもイライラしているからのようですね。

そんな短気な江戸っ子に、ファスト・フードはぴったりだったのです。今では江戸で誕生した日本食は、みごとに世界を席巻しています。現代人に合う食べ物・食べ方なのでしょう。近年、外人さんの旅行者が激増していますが、みんな日本食が大好きですよね。きっと忙しいからなんじゃないでしょうか?

といっても、右に挙げたキャッチ・フレーズの中になぜか飲食物は存在しません。「江戸名物」と言いながら、飲食物がないのは不思議ですね。

ちなみに「伊勢屋」というのは江戸で儲けていた商人のことで、江戸の町は伊勢屋の看板だらけだったそうです。「犬の糞」が多かったのは「生類憐みの令」[1]によって野良犬が多かったからかもしれません。

「稲荷」とあるのは、稲荷寿司のことではなく、稲荷神社そのもののことです。稲荷神社の神の使いはキツネということになっていますよね。で、キツネの好物が油揚げ（薄揚げ）ということになっていますから、ここから「お稲荷さん」と

●1 **生類憐みの令**
5代将軍徳川綱吉が発布した極端な動物愛護令。戌年生れのため特に犬を愛護すれば前世での罪障を消すことができ、子も授かるという僧の言をいれて1687年に発令。捨て子や病人を保護することも目的とされたが、犬猫から牛馬、鳥類、魚類までも保護の対象とし、事細かに罰則を規定し庶民の暮らしを圧迫した。犬に対する愛護は極端で、中野、四谷、大久保などに犬小屋を建てて犬を養ったため「犬公方（いぬくぼう）」と陰口された。綱吉の死後、ただちに廃止された。

いえば「稲荷寿司」のことになったという次第です。関西方面から来た迷信ですけどね。

え〜、ですから、「稲荷寿司」は、江戸の名物ではありません。江戸名物は、蕎麦切り、握り寿司、天ぷら、鰻の蒲焼き、おでん、といったところでしょうか。大人から子供まで、男も女も、みんな大好きなものばかりですよね。

これらはすべて江戸で誕生したファスト・フードです。とりわけ江戸下町という特殊な環境が生み出した必然の食べ物です。**通りがかりの屋台で、手早く、安く食べられる、つまり安直な食べ物**だったのです。

でも現代では、この中の大半は高級料理に化けてしまいましたけどね。握り寿司などは、職人が素手で握ったものを、客も素手でつかんで食しますからね〜。手づかみなのに、マナーもへったくれもありませんよね。それなのに店によっては超高級料理になってしまいました。

ほかの食べ物も大同小異です。たいそう出世したものですね。私は貧乏なままですが（あ、どうでもいいか）。

なにはともあれ、江戸に住む庶民の必要性から、江戸では飲食はひときわ発達しました。なにしろ最初が、ほぼゼロですから、何でもありなのです。

江戸前の寿司は、言うまでもありませんよね。関西の押し寿司や地方の熟《な》れ鮨に対して、握り寿司は江戸の街を象徴しています。もとは屋台の立ち食いで、若い男性労働者（主に肉体労働者）が、通りがかりに屋台ですばやく立ち食いするように生まれたものです。だから、作るのも早いし、食べるのも早い。いかに仕事が忙しかったかわかりますね。

ちなみに「江戸前」というのは、江戸の前、つまり東京湾（江戸湾）で採れた魚介類を使うことから呼ばれるようになったものです。今では「握り寿司」でありさえすれば、北海道でもニューヨークでも「江戸前寿司」の看板を掲げていますが、本当は間違いなんですけどね。

江戸の発展と下町の膨張

こうして新たに生まれた下町エリアには、首切り刑場、無縁墓地、非人部落など、いわゆる「化外の民」をも吸収し、彼らにさえも生きる場所を提供しているのです。やがて吉原を筆頭に遊郭街が生まれて（女性の数が足りなかったために性風俗産業が発展したのでしょう。春画の隆盛も同様です）、酒食遊戯のエリアとして町人武士の区別なく集まるようになります。

ファスト・フード以外でも、浮世絵、入れ墨、町火消し、鯔背《いなせ》な若い衆、落語、魚河岸（日本橋浜町）、●2棒手振《ぼてふり》などなど。

これらは皆、江戸下町がはぐくんだ文化です。泡のように産まれた新しい土地に、全国から若い男たちが集まって、独特の世界が生まれました。

京都や大阪と違って、ここには歴史がありません。しかし歴史がないからこそ、

●2 **棒手振**
魚や野菜などを天秤棒で担ぎ、売り声を上げながら売り歩くこと。また、その人。

すべてを一から作ることができるという利点があったのです。

家康は、天正18（1590）年8月に、新たな領国となった江戸に初めて入りました。古い江戸城はぼろぼろでした。

秀吉に命じられるままに、地の果て坂東（関八州）への領地替えに従ったのは、このわずか一月前のこと。それでも抵抗らしい抵抗なく応じたのは、江戸という土地の将来的な発展性を見通したからかもしれませんね。

すでに下調べをおこなっていた形跡がありますし、江戸が風水上きわめてすぐれた場所であることは、おそらくじゅうぶんに承知していたのでしょう。江戸重継があえてこの地に居館を構えた理由も承知していたはずで、築城の名手と伝わる太田道灌が、城郭と街区の基本設計をおこなっていたことも承知していたことでしょう。江戸こそは、将来「都」になる場所だったのです。

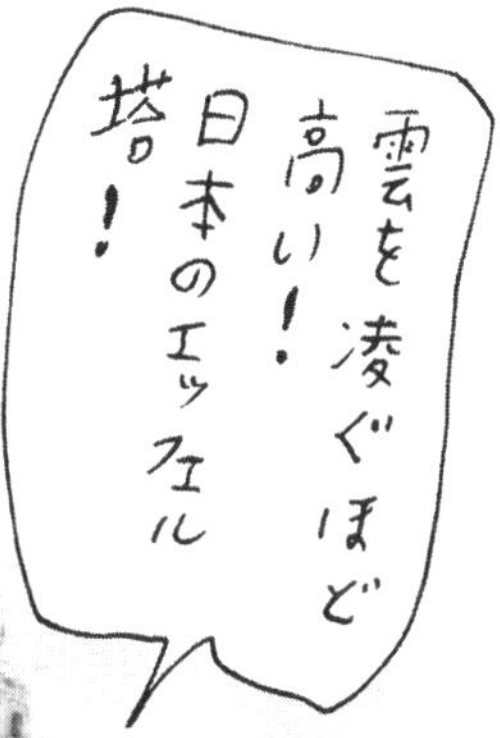

凌雲閣（通称「浅草十二階」）

1890年に竣工した高さ52メートルで12階建ての眺望用の高層建築物です。当時の日本で最も高い建物で、「雲を凌ぐほど高い」ということでこの名が付けられました。日本初の電動式エレベーターが設置され、モダンで人気となり、「日本のエッフェル塔」と呼ばれ大勢の見物客で賑わったそうです。関東大震災で建物の８階部分より上が崩壊し、その後再建は断念され、爆破破壊されました。

江戸時代を通じて発展し、さらに明治には徳川幕府に代わって、ついに天皇家が遷ってきます。

巨大に膨れ上がった東京の下町エリア。一見、繁栄をきわめているように見えますね。いやいや「一見」なんて、とんでもない。繁栄そのものですよね。でも、これが「バベルの塔[3]」なんです。

思い出してください。大正12（1923）年に起きた関東大震災によって東京下町は破壊されつくしました。とくに下町は完全に瓦礫と化したのです。凌雲閣（浅草十二階という高層ビル）も崩壊したのです。

下町はあやういギリギリの土地、もともと存在しない土地、だから土地も安価でした。街そのものが浮舟のような状態ですね。だから、しばしば水害（浸水や洪水）に遭いました。荒川の堤防は、当初はその両岸に人が住むようになってから少しづつ造られてきたものです。

●3 **バベルの塔**
旧約聖書の『創世記』に登場する巨大な塔。ノアの洪水の後、人間はバビロンに都を建て、天まで届く塔を建てようとするが、神は怒って人間の傲慢を打ち砕くために彼らの言語を混乱させ、塔は完成しなかった。この故事から、空想的で実現不可能な計画の意味で使われる。

山手と武家屋敷

このような下町と相前後して成立した山手は、主に武家屋敷・大名屋敷があった地域です。下町地域のように埋め立てによって生まれた土地ではなく、元からあった台地です。

これらは徳川氏から支給された土地ですから（後には幕府による管理）、地位に応じて江戸城からの距離や位置、面積が決められています。もちろんこれは、外敵との戦いが前提になっています。徳川家への奉仕が第一の目的ですね。

武家屋敷は、その種類・機能によって、上屋敷・中屋敷・下屋敷・蔵屋敷にわけられていました。いずれにしても、武家屋敷（江戸藩邸）は一軒あたりの面積が広いという特徴があります。

たとえば、本郷の東京大学は現在でも広大な面積を保有していますが、もとは、江戸時代の大名屋敷です。赤門や三四郎池などがそのまま残っているように、主

に加賀藩・前田家の上屋敷でした（東大附属病院あたりは富山藩屋敷跡なども含まれています）。とてつもなく広い屋敷ですよね！　散策したら、丸一日はかかりそうです。

ちなみに加賀藩邸の下屋敷は板橋区の加賀公園を含んだエリアで、今はほとんどその面影は残っていません。でも、下屋敷だけで面積は22万坪あったそうで、東京ドームが約16個入ります。あ、ちなみに東京ドームは、隣の後楽園遊園地や小石川後楽園と合わせて水戸藩の上屋敷でした。

ついでですから、主な江戸藩邸と跡地の現在を紹介しておきましょう（ほんの一部ですが）。東京都のおもな施設がもとは様々な武家の屋敷跡だということがよくわかります。

▼赤坂御用地・迎賓館（千代田区赤坂）＝紀州藩邸跡
▼新宿御苑（新宿区内藤町）＝高遠藩内藤家四谷内藤新宿下屋敷

三四郎池

加賀藩前田家の上屋敷にあった庭園・育徳園の中にある池で正式名称は心字池。夏目漱石がこの池を舞台に小説『三四郎』を書いたことから三四郎池と呼ばれるようになりました。1615年に前田家にこの土地が与えられ、庭園が築かれたのは1629年です。江戸で第一の名園といわれるほどで、当時のままの姿を残しているこの池は今も趣があります。池の周囲を散歩することができ、まさに都会のオアシスといった感じ。

▼高輪皇族邸（港区高輪）＝熊本藩細川家中屋敷
▼常陸宮邸（渋谷区東 旧常磐松町）＝薩摩藩島津家下屋敷
▼明治神宮（渋谷区代々木）＝彦根藩井伊家下屋敷
▼国会議事堂（千代田区永田町）＝広島藩浅野家中屋敷　ほか
▼最高裁判所（千代田区隼町）＝田原藩三宅家上屋敷
▼外務省庁舎（千代田区霞が関）＝福岡藩黒田家上屋敷
▼法務省庁舎（千代田区霞が関）＝米沢藩上杉家上屋敷
▼国土交通省庁舎（千代田区霞が関）＝広島藩浅野家上屋敷
▼防衛省庁舎（新宿区市谷）＝尾張藩徳川家上屋敷
▼築地市場（中央区築地）＝尾張藩徳川家蔵屋敷
▼アメリカ大使館（港区赤坂）＝牛久藩山口家上屋敷

▼イタリア大使館（港区三田）＝伊予松山藩松平家中屋敷

▼オーストリア大使館（港区高輪）＝会津藩松平家下屋敷

▼慶應義塾大学（港区三田）＝島原藩松平家中屋敷

▼青山学院大学（渋谷区渋谷）＝西条藩松平家上屋敷

▼上智大学（千代田区紀尾井町）＝尾張藩徳川家中屋敷

▼清泉女子大学（品川区東五反田）＝仙台藩伊達家下屋敷

▼拓殖大学（文京区小日向）＝大垣新田藩戸田家下屋敷

▼帝国ホテル（千代田区内幸町）＝備後福山藩阿部家上屋敷

▼ホテルオークラ東京本館（港区虎ノ門）＝川越藩松平家上屋敷

▼グランドプリンスホテル赤坂（千代田区紀尾井町）＝紀州藩徳川家中屋敷

▼ホテルニューオータニ（千代田区紀尾井町）＝彦根藩井伊家中屋敷

▼アークヒルズ（サントリーホール）（港区赤坂）＝川越藩松平家中屋敷
▼国立新美術館（港区六本木）＝宇和島藩伊達家上屋敷
▼東京ミッドタウン（港区六本木）＝長州藩毛利家中屋敷
▼赤坂サカス（港区赤坂）＝広島藩浅野家中屋敷

▼椿山荘（旧山縣有朋邸宅）（文京区関口）＝久留里藩黒田家下屋敷
▼都立戸山公園（新宿区戸山）＝尾張藩徳川家和田戸山下屋敷
▼六義園（文京区本駒込）＝郡山藩柳沢家下屋敷
▼永青文庫　ほか（文京区目白台）＝熊本藩細川家下屋敷
▼有栖川宮記念公園（港区南麻布）＝盛岡藩南部家下屋敷
▼八芳園（港区白金台）＝薩摩藩島津家下屋敷
▼清澄庭園（江東区清澄）＝下総関宿藩久世家下屋敷

帝国ホテル

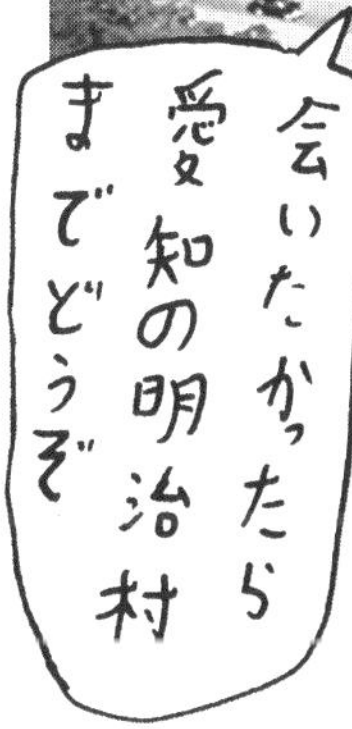

帝国ホテルは1890年に木造煉瓦造りの３階建てのホテルとして開業しました（1919年に火災で全焼）。新館建設のためアメリカの有名建築家フランク・ロイド・ライドに設計を依頼して完成したのが1923年。この写真はライト設計による「ライト館」です。老朽化のため1968年に解体されましたが、玄関部分は博物館明治村（愛知県犬山市）に十数年の歳月をかけて移築再建され、当時の姿を見ることができます。

いかがですか？　すごいでしょう？

これはほんの一部です。ほかにも大企業の本社ビルや、とくに規模の大きい公園、学校やホールなど、東京にある主要な施設、つまりは**日本の代表的な施設で東京都心部にあるものは、その大半が元は武家屋敷**なのです。

江戸時代も後半に入ると、下町にも武家屋敷は設けられるようになります。一番最後に挙げた清澄庭園はその名残ですね。

また、江戸三大祭りで有名な深川の富岡八幡宮（江東区富岡）も、創建は寛永4（1627）年ですから、歴史的にはとくに由緒のない埋め立て地に造られたものです。広大な砂州を埋め立てて社有地として保有したために、突然裕福な神社が誕生しました。全国でもたいへん珍しい例ですね。いわば、江戸下町の象徴です。神社では考えられないような血なまぐさい事件が起きたのも、もしかすると風土のパワーなのかもしれません。

江戸時代1

螺旋の堀割と陰陽道

無限に広がる江戸の都市構造

内堀・外堀は円になっていない

江戸は、日本一の風水好適地だと紹介しましたが、徳川はさらにそれを補強しました。それは、彼らの「町づくり」にはっきり見て取れます。まずは、絵図をご覧ください。

上は明和年間（1764―1772）、下は慶応年間（1865―1868）に作られたものですが、どちらも右が北、下が東になっています。

現代と違って正確な測量に基づいた地図ではありませんが、すべての江戸の絵図に共通しているのは濠《ほり》の構造です。

江戸城を取り囲む掘り割りが螺旋《らせん》形になっているのが、わかりますよね。

掘り割りは「内堀」「外堀」と慣習上呼ばれていて、あたかも同心円であるかのようですが、それが誤りであるということがはっきりわかります。

そうです、**濠は、同心円にはなっていません。カタツムリのような「螺旋形」**

江戸地図

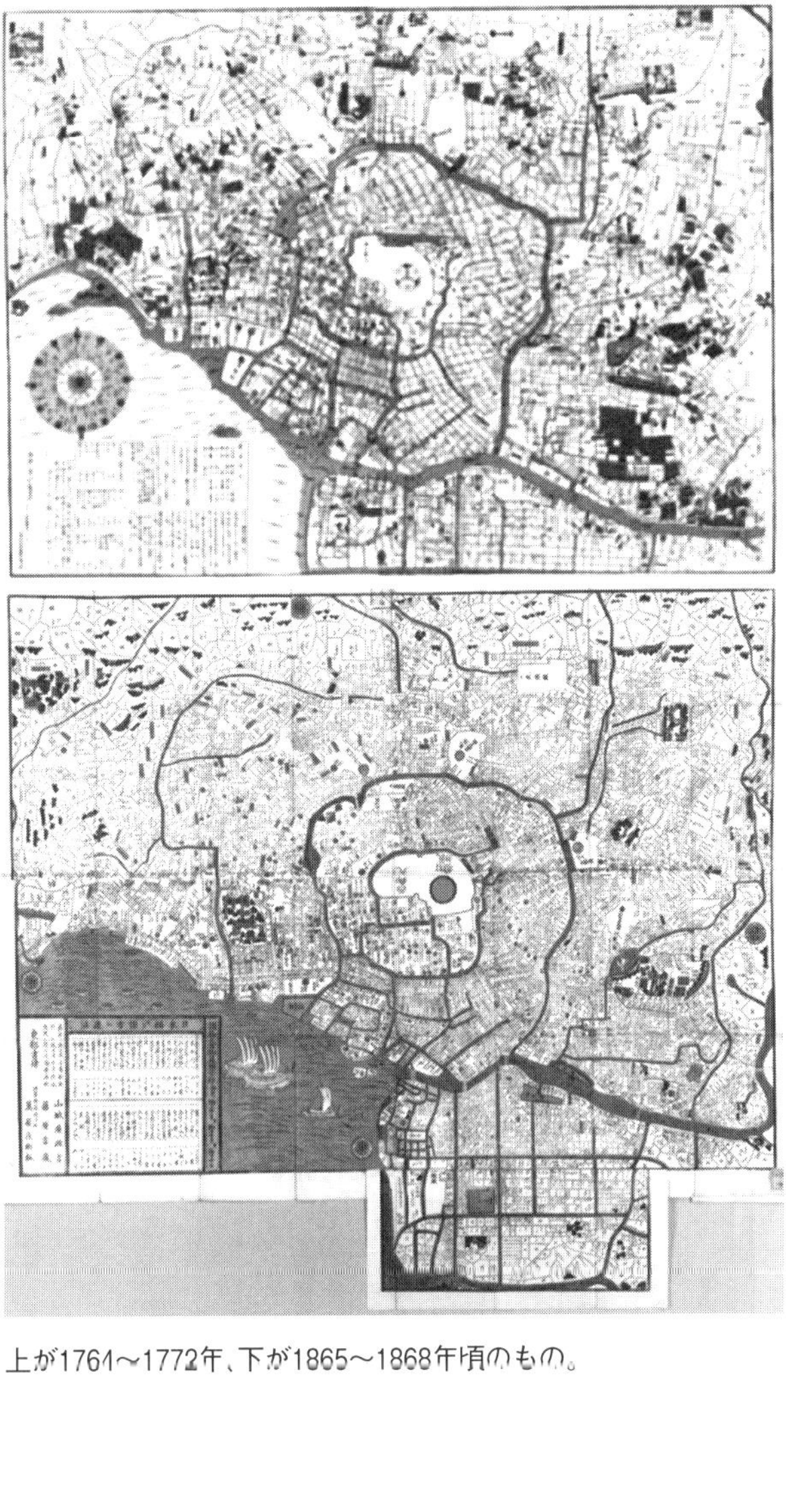

上が1761〜1772年、下が1865〜1868年頃のもの。

なのです。

したがって「内」も「外」もない。この街区全体を鳥瞰俯瞰することのない人々が思いこみでそう呼んでいたか、幕府が政策上意図的にそう呼んだか、いずれかでしょう。そしてそれが町人たちの呼び名として定着したのでしょう。

またこの事実を知り得る人たちも積極的に語ることはしなかったに違いありません。なにしろ都城の地図は、当然ながら国家機密ですから。

しかし明和年間あたりになると、すでに徳川の治世は盤石で、もはや機密にしておく必要もなくなったのかと思われます。実際このたぐいの図面はこの頃から各種制作されています。江戸土産にもなっていたくらいですから、あちこちで何種類も作られていたのでしょう。

いずれも地図としての精度は決して高いものではなく、総体的に製図技術の稚拙さをうかがわせるものですね。濠が異常に太くデフォルメされているので、かえって設計意図がわかりやすいのは皮肉なことです。

濠を主軸とした街づくりで、すなわちそれが幹線道路ならぬ「幹線水路」であるとよくわかります。

これこそが江戸の「動脈」なのです。かつて太田道灌が江戸の地に城を築こうとした時、ここは利根川と荒川の河口にほど近い海辺でした。後の大手門辺りより東に町並はなく、低湿地と海が広がるばかりでした（一部、小高い島のようになった箇所はありました）。

その江戸湾に臨む台地の上に居館を最初に築いたのは、前章で述べたように、武蔵武士団の雄・江戸氏です。12世紀のことでしたね。

太田道灌が本丸を建設したのはまさにその居館の跡であり、そこは後に徳川の本丸ともなる位置です（風水術では、その場所を龍穴《りゅうけつ》と呼びます）。

そしてこれより東側は、道灌から、家康、さらに秀忠、家光の将軍三代数十年に渡る大規模かつ広範囲の治水土木工事がおこなわれました。

それによって沿岸部の低湿地はことごとく埋め立てられて、日本橋、京橋、神田などの居住地が造成され、また城を中心に大きく「の」の字に巡る水路が、平川などの自然の河川をも利用しつつ建設されます。

そして、ついに大江戸八百八町の完成を見ることとなります（最終的には九百三町もありました！）。

以後も江戸の町は繁栄とともに変貌し続けますが、ついには人口100万人を擁する大都市となり、当時ヨーロッパ最大の都市だったロンドン（70万人）やパリ（30万人）にも勝る**世界最大の都市**であったのです。

つまり、東京という大都市は東京になってからのものではなく、すでに江戸時代において殷賑《いんしん》を極めていたのです。

それほどの**発展をもたらしたのが、独特の風水術であった「螺旋水路」**です。都市に必要な「水道」と「下水」、そして「流通」を、すべてこの水路が解決したのです。

天海が江戸に仕掛けた呪術

江戸には多様な風水技術が実施されています。

たとえば鬼門の守りとして神田明神や柳森神社、さらにその先に元は三社明神・三社権現と称された浅草神社[1]があります（浅草寺ではありません）。

なお江戸城鬼門の守護として、上野の東叡山・寛永寺[2]がしばしば挙げられますが、地図を見ればすぐわかるように、**寛永寺は鬼門ではありません。**設置したのは天海僧正[3]の企図によるものといわれており、京の鬼門守護である比叡山にならって東叡山と名付けるなどは、いかにも天台密教僧のやりそうなことですね。

でも、これは目眩ましです。

同様に、裏鬼門の守りは増上寺[4]ではなく、山王日枝神社です。

いずれも地図を見れば一目瞭然で、議論の余地もないものです。

●1 **浅草神社**
東京都台東区。祭神は土師真中知（はじのまつち）、檜前浜成（ひのくまのはまなり）、檜前竹成（ひのくまのたけなり）。628年、漁師の檜前浜成・竹成の兄弟が隅田川で漁をしていて観音像を拾い、相談を受けた土師真中知がその観音像を祀ったのが浅草寺のはじまり。後世、3人の子孫がこの3人を祀り「三社権現」と称された。

●2 **寛永寺**
東京都台東区。天台宗の関東総本山。徳川将軍家の祈祷所・菩提寺であり、徳川将軍15人のうち6人が葬られている。17世紀半ばからは皇族が歴代住なお江戸風水の設計者についてはいくつかの説があって、南光坊《なんこうぼう》天海、金地院《こんちいん》[5]崇伝《すうでん》のいずれかという説が有力です。

家康の政治に深く関与して「黒衣《こくえ》の宰相」と呼ばれた崇伝は、易占に通じていましたが、臨済宗です。江戸において臨済寺院はあまり重要な位置付けとはなっていません。

家康死去の折りに、崇伝は明神号[6]（吉田神道）を主張して、天海の権現号[7]（山王一実神道）に破れたのは有名なエピソードです。

これを機に徳川の風水は天海の独壇場となったのではないかと思われます。

ちなみに家康自身も、風水・陰陽道に関してはかなりの知識を身に着けていたと思われます。だからこそ天海たちを重用したのでしょう。

天海は、その家康をサポートして徳川の治世を盤石とするのに大きな役割を果たしたとされますが、この謎めいた人物はすでに武田信玄のアドバイザーとして早くから歴史に登場しています。そしてなんと、織田信長にも仕え、豊臣秀吉に

職を務め、日光山、比叡山をも管轄する天台宗の本山として強大な権勢を誇ったが、明治新政府と彰義隊との戦いである上野戦争で主要伽藍を焼失した。現在地はもともと子院のあった場所で、本堂は川越の喜多院（天海が住職をしていた寺）の本地堂を移築したもの。

[3] **天海**
てんかい（1536－1643）。安土桃山時代から江戸時代にかけての天台宗の僧。南光坊天海、智楽院とも呼ばれる。徳川家康の側近として、江戸幕府初期の朝廷政策・宗教政策に深く関与した。家康の死後は3代将軍家光に仕え、寛永元（1624）年に寛永寺を創建。

もその知恵を求められ、家康なき後は秀忠、家光の補佐までおこなっています。寛永20（1643）年に108歳で死去。この間の歴史的な風水にほとんどすべて関与したと考えられます。

したがって、螺旋水路の構想は天海によるものと考えるのが妥当でしょう。そもそも密教という非仏教的な宗教は、日本の風水史において特異な役割を果たしているのです。比叡山の天台密教と、高野山の真言密教、ともに「螺旋構造」を重要視しています。

真言密教の開祖である空海[8]が開いたとされる四国八十八カ所の札所巡りは、俗化した形で今に至っていますが、本来は「螺旋」に巡って到達するものです。

天台密教の千日回峰行も、やはり「螺旋」に巡って到達するものです。

曼陀羅の構図が「螺旋」であるのは言うまでもありません。

螺旋構造は、その中心へ**「気」を導き引きこむための呪術的手法**です。

江戸の都市計画にも関わり、陰陽道や風水に基づいた江戸鎮護を構想した。

●4 **増上寺**
東京都港区。室町時代に開かれた浄土宗の寺院。徳川家康の関東入府からまもなくして徳川家の菩提寺として選ばれ、徳川将軍15人のうち、6人が葬られている。

●5 **崇伝**
すうでん（1569－1633）。安土桃山時代から江戸時代にかけての臨済宗の僧。室町幕府の幕臣の子として生まれた。室町幕府が滅びると出家。やがて徳川家康のもとで江戸幕府の法律の立案・

もう一度、江戸の古地図をご覧ください。螺旋を強調したかのような絵図ですが、明和絵図の左下方に見えるのは詳細な方位図です。これは、風水師が鑑定に用いる道具・羅盤《ローバン》と同じ構造を示しています。すなわちこの絵図は「江戸の風水図」と言うべきものなのです。そして詳細な方位図の付いた螺旋水路……これこそは、強力な江戸風水の本質を象徴する構図なのです。

さてそれでは、この螺旋の水路にはどのような呪術的意味があるのでしょう？

その意味は唯ひとつ、**富士山からの気の流れを取りこんで江戸城へ集約収斂する**という手法を、水路の建設という大がかりな土木工事によって実現したものです。これが江戸風水の最大最強の根元なのです。

ほかにもありとあらゆる風水手法がこの街には用いられていますが、四神相応は別として、それらはいずれも枝葉末節にすぎません。たとえ「鬼門除け」のために寛永寺や東照宮が造られたのだとしても、江戸の街全体を「ひとつの論理」

外交・宗教統制を一手に引き受けるようになり、その権勢から「黒衣の宰相」と称された。武家諸法度を起草。

●6
吉田神道
室町時代に京都の神道家・吉田兼倶に始まる吉田家が唱えた神道の一流派。神・儒・仏・道4教および陰陽道の関係を説き、神道を万法の根本とし、神主仏従の立場から反本地垂迹説を主張。活発な宣教運動により、地方の神社に神位を授け、また神職の位階を授ける権限を与えられて、吉田家をほぼ全国の神社・神職をその勢力下に収めた神道の家元的な立場に押し上げていった。本来の神道は皇室が主家であり、長で括るというダイナミックな手法の下ではいずれも小技にすぎないでしょう。

京都の風水でも、鴨川を人工的に造り出して風水を強化しましたが、それでもここまで徹底した都市建設はおこなわれませんでした。

さしずめこれに匹敵するものは、織田信長の安土城とその城下町の建設、そして豊臣秀吉の大坂城とその城下町の建設の2例のみでしょう。いずれも強力な龍穴の真上に天守閣を建設し、往時には螺旋の構造を備えていました（いずれもその後に破壊されてしまいましたが）。

ちなみに、安土城は信長が本能寺の変で討たれた後に程なく炎上焼失しました。次男・信雄《のぶかつ》による放火との説が有力ですが、信雄の後見人は家康であったことを考えると意図的なものを感じます。

大坂城は難攻不落でしたが、家康の奸計により濠をほとんど埋められて裸城となって陥落しました。

両者ともに、町の基本構造も破壊されて、以後は見る影もありません。もちろ

く白川家が実務担当の役にあったが、以後、大部分の権限を吉田家が持つこととなった。

●7 **山王一実神道**
山王神道とは平安時代末期から鎌倉時代にかけて、天台宗の総本山である比叡山延暦寺で生まれた神道の流派。日枝山（比叡山）の山岳信仰、神道、天台宗が融合したもの。山王一実神道は山王神道を天海が発展させたもの。徳川家康は駿府城で死亡し、柩は久能山に運ばれ吉田神道の流儀で埋葬されたが、翌年に日光へ柩が移され天海により山王一実神道の流儀で「東照大権現」の神号で祀られることとなった。

ん、城の当主であった織田家も豊臣家も衰退の一途をたどるのみです。

実はこれは、典型的な**「風水断ち」**という手法なのです。

家康が風水・陰陽道に通暁《つうぎょう》していたことは疑う余地もありませんが、信長や秀吉も重用したであろうことは想像に難《かた》くないものがあります。すなわち戦国の覇者は、**武力の戦いとは別の次元で、風水の戦いもおこなっていた**のです。そして最後の勝利者が、家康であったということです。

螺旋という究極の真理

以下は、ちょっと難しいお話です。理屈が苦手な読者は、どうぞナナメ読みしてください。

風水というのも陰陽道というのも、その原理は東洋に限定されるものではありません。東西文化の枠を超越した、汎世界的な論理を備えています。

●8
空海
くうかい（774－835）。弘法大師として知られる真言宗の祖。現在の香川県善通寺市で生まれる。遣唐使として中国にわたり日本に真言密教をもたらした。高野山に金剛峯寺を建立し、東寺（教王護国寺）を真言道場とした。詩文に優れ能書家としても知られる。日本国中にたくさんの伝承・伝説が残っている。

そしてその共通項のひとつとなるのが「螺旋」（スパイラル）です。江戸の街づくりは、この原理を実現したものです。

螺旋が「究極の真理」のひとつであることは、東洋西洋ともにかなり古くから知られていました。すでに古代ギリシャの哲学では、数学と美術・音楽との整合性が「黄金比」にあることは周知のことで（後述）、その黄金比が巻き貝などの生物の対数螺旋《たいすうらせん》（オウム貝の断面図がそうです）に伏在していることも既知のことでした。

五芒星《ごぼうせい》（☆）が黄金比によって成り立っていることを発見したのは古代ギリシャの哲学者ピタゴラス●9です。

ピタゴラスとその仲間たちは「ペンタグラム」と呼んでこの星型図形を特に尊重して、仲間の共通のサインとしていました。古来、霊力や啓示の象徴ともされているので、その意味合いもあったのでしょう。

ピタゴラスは、万物の根本物質は「数」であると考えました。つまり天体の運

●9 **ピタゴラス**
前6世紀に活躍したギリシアの哲学者、数学者、宗教家。教団を組織し、霊魂の不滅、輪廻、死後の応報を信じ、魂を鎮める音楽と、永遠不変の真理を教える数学を重視。万物は数の関係によって秩序づけられると考えた。ピタゴラスの定理（三平方の定理）などを発見。

動も自然の造形も音楽も美術も、すべて「数の法則」によって成り立っているというものです。

その考え方を代表する原理が**「黄金比」**なのです。

黄金比とは古くから最も美しい造形の真理とされているもので、とくに「2辺の比率が黄金比となる長方形」は最もすぐれた美しい形と認識されていました。パルテノン神殿の造形やギリシャ彫刻、モナリザをはじめとする古典絵画の多くは黄金比の組み合わせから成り立っています。

図上のA：Cは1：1.618……、わかりやすくするとA：C≒5：8となります。縦横比が、おおよそ5対8の長方形ということですね。これが古来「黄金比」といわれるものです。

最も調和のとれた比率とされ、この比率による長方形こそは、私たち人類にとって先天的に最も美しく完全に見えるようです。なぜかはわかりませんが。

黄金比長方形

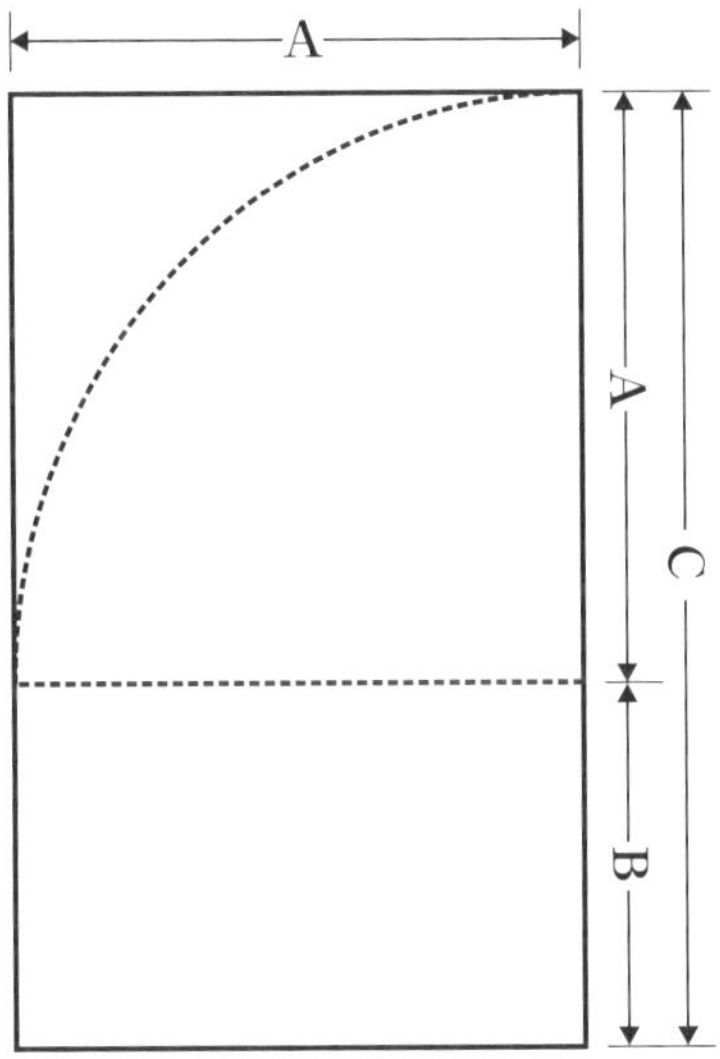

正五角形

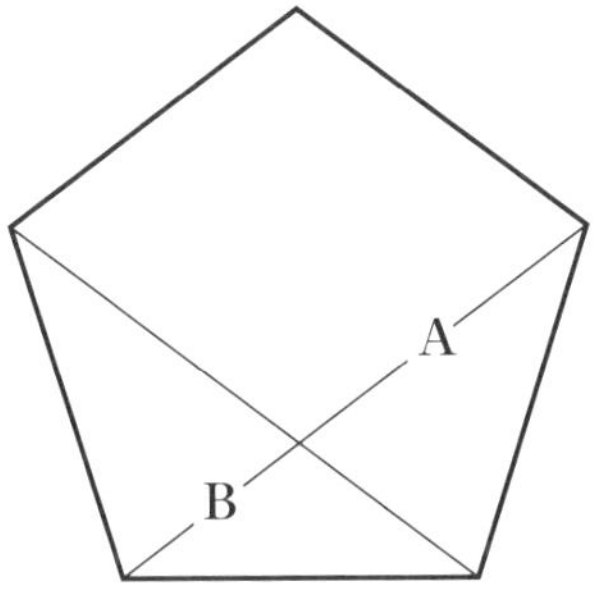

私たちの身の回りにある普遍的な長方形は、その多くがこの長方形の近似値です。たとえば日本人が一般的に使っている「名刺」の形がこの比率です。

しばしば例として挙げられる郵便葉書や書籍は長辺が足りずに少し寸詰まりで、黄金比にはなっていません。これらをやや細長くするほうが美しいと思うか、それともこのままのほうが好ましいと感ずるか、それは「審美眼の踏み絵」かもしれませんね。

ちなみに黄金比の長方形は、その短辺Aを一辺とする正方形A×Aを除くと、そこに再び黄金比の長方形B×Aが現れます。

そしてさらにそこから短辺Bを一辺とする正方形B×Bを除くと、そこに再び黄金比の長方形が現れる。これが無限に続くのが黄金比長方形です。

図下のように、正五角形の2本の対角線は互いにほかを「黄金分割」します。分割されたAとBの比率は1：1・618……、すなわち「黄金比」「黄金律」

であり、これを発見したのがピタゴラスであったのです。その対角線すべてによって成立する図形が五芒星《ペンタグラム》です。

なお、黄金比に準ずる数理に「フィボナッチの数列」[10]もありますが、建築家のル・コルビュジエ[11]は自らの設計デザインに徹底してこの数理原則を用いたことで知られています。

ちなみに、国立西洋美術館（台東区上野公園）は、ル・コルビュジエの代表作として、世界文化遺産に指定されましたね。話題の展覧会がある時にでも、ぜひ一度訪ねて、建築造形の美しさを体感してみてください。

黄金比の原理図とも言うべき五芒星、これは、陰陽道のシンボルでもあります。安倍晴明《あべのせいめい》[12]がとくに用いたことから「晴明紋《せいめいもん》」「晴明桔梗《せいめいききょう》」とも呼ばれています。

五行（木火土金水）の基本図形も同一です。易経や天文知識にも通じていた晴明は、ここに内包された黄金分割の数理と、その数理と整合する螺旋について承

[10] **フィボナッチの数列**
イタリアの数学者レオナルド・フィボナッチにちなんで名付けられた数列。0、1、1、2、3、5、8、13、21、34、55、89、144、233、377、610、987……のように、隣り合うふたつの数の合計が次の数になっている。また、「隣り合うふたつの数の比」（8÷5、13÷8、21÷13……）はどれも黄金比（1.618……）に近い値をとっている（数が大きくなるにつれて近くなる）。また、この数列は自然界の現象に多く出現している。

[11] **ル・コルビュジエ**
本名シャルル＝エドゥアール・ジャヌレ（1887

知していたと考えられます。

これを継承して発展させたのが、江戸の天海僧正であり徳川家康なのです。ピタゴラス学派も、安倍晴明の陰陽道も、ともに五芒星をシンボルとして用いていたのは偶然ではないのです。

図の対数螺旋をご覧ください。辺の比率が黄金比率になる長方形から、正方形を取り除くと、そこには再び同じ比率の長方形が残る、というように無限に続くというのは先述した通りですが、対数螺旋は、この連続図形の軌跡なのです。

この図は正方形の一辺を半径とした円弧による螺旋です。そして、長辺を直径とする円弧も螺旋となります。この螺旋は、理論的には無限に続くのです。

ちなみに現代の〝風水術〟は、ほとんどの流派流儀とも「螺旋《スパイラル》の真理」を見失っています。黄金比の正五角形と五芒星を体現する五行の相剋・相生を基本としていながら、そのなかに存在するスパイラルの構造にまで及ばないのは何故な

ー1965）。スイスの時計の文字盤職人の家に生まれ、フランスで主に活躍した建築家。20世紀を代表する近代建築理論家の巨匠。鉄筋コンクリートを利用し、装飾のない平滑な壁面処理、伝統から切り離された合理性を信条としたモダニズム建築を提唱した。家具の設計も多く手掛け、今も傑作として人気を集めている。

●12 **安倍晴明**
あべのせいめい（921ー1005）。平安時代の陰陽師。吉凶を占ったり陰陽道の祭祀をおこなうなど宮廷で活躍。『今昔物語集』『大鏡』『宇治拾遺物語』などにその説話が残っている。鎌倉時代

五行相生相克図

安倍晴明『占事略決』第十一
五行相性相剋法

木は火を生じ、火は土を生じ、
土は金を生じ、金は水を生じ、
水は木を生ずる。

木は土に剋ち、土は水に剋ち、
水は日に剋ち、火は金に剋ち、
金は木に剋つ。

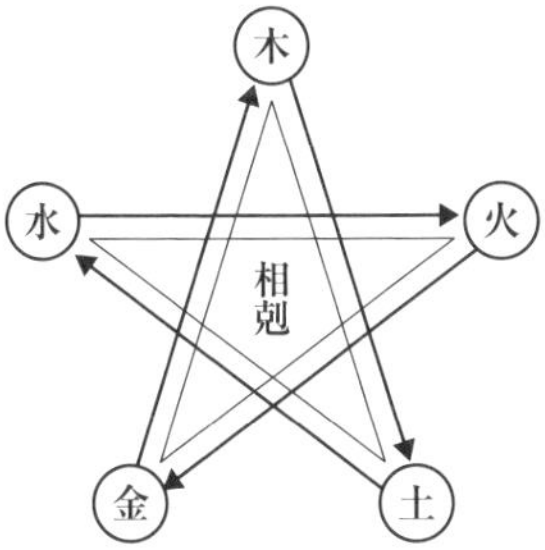

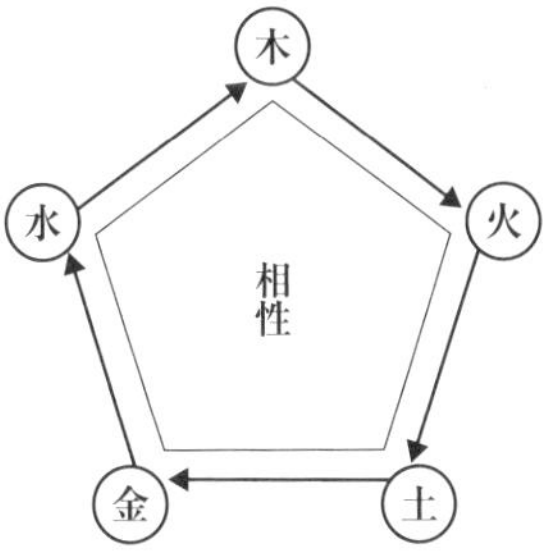

黄金比による対数螺旋

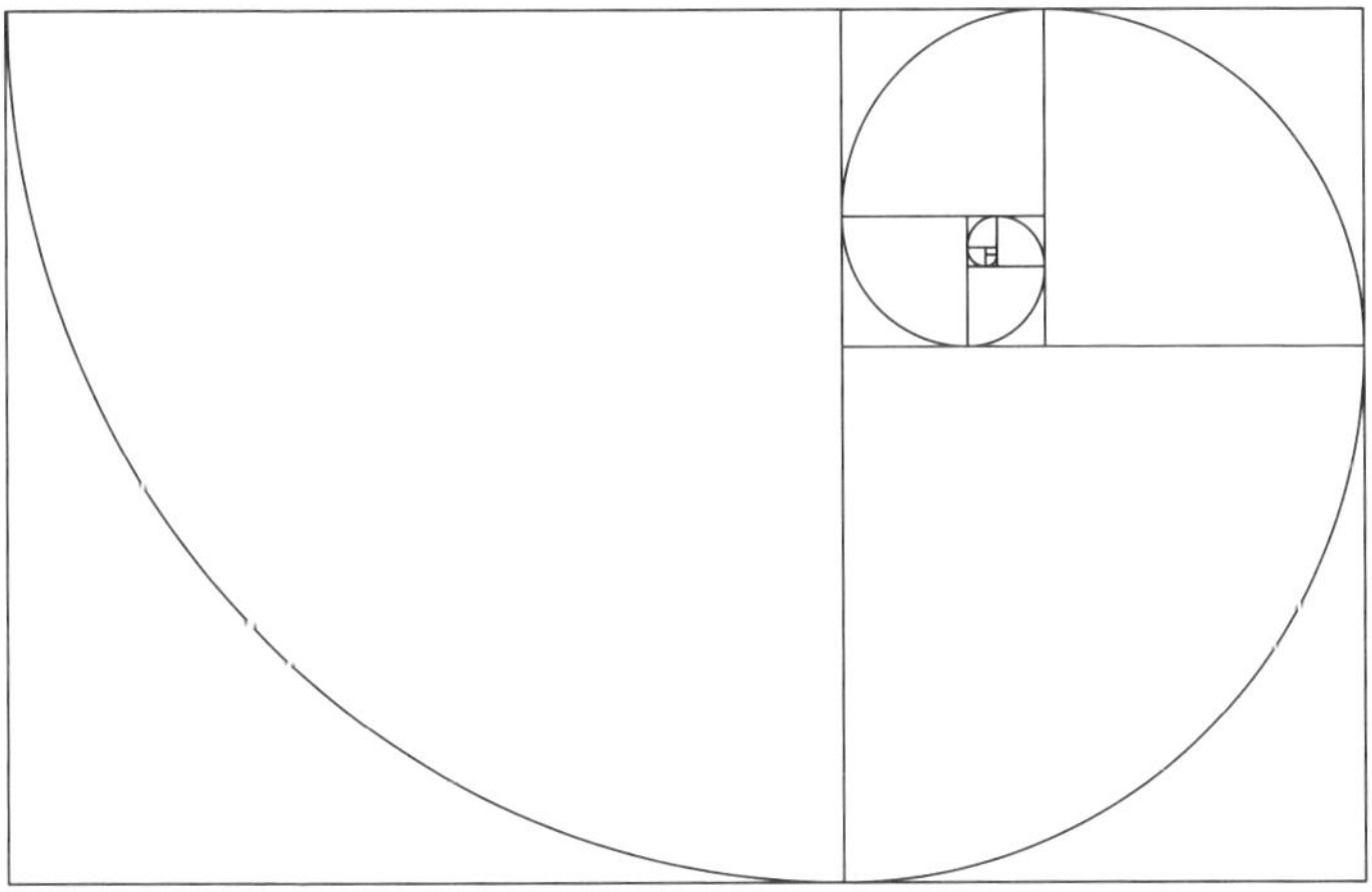

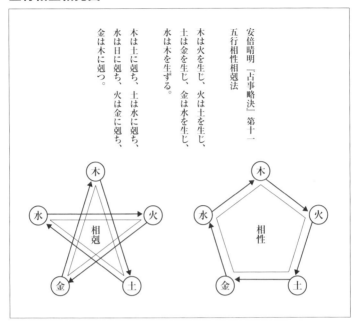

のか。私はそれを〝退化〟ではないかと思っています。

原理を見失った俗習の哀しさで、論理的な裏付けのない〝迷信〟の山に寄り掛かり、悪循環に陥ることとなっています。**迷信は迷信を呼び、風水の退化**をもたらします。たとえば「金色の財布を持てば経済的に豊かになる」などの迷信は、風水を「胡《う》散《さん》臭いもの」と誤解させる以外のなにものでもありません。

ちなみにこの構造が偶然でないことは、同時代に同様の取り組みがなされている事例がいくつもあることからも判断されます。代表的なところでは姫路城とその城下町に見てとれます。この町は、四神相応と螺旋構造を同時に持っているという点で、江戸と同じ手法に基づいています。そしておそらくは、同じ人物が関与しているはずと、私は推測しています。

東京には、ほかにもけっこう黄金比が実現されています。江戸城と西洋美術館が代表ですが、ほかにも時代を超えていろいろ形造られています。散歩のついでに、探してみませんか？

から明治時代初めまで陰陽寮を統括した土御門家（つちみかどけ）の祖。死後に神格化し京都の晴明神社などで祀られている。

江戸時代 2

表鬼門と裏鬼門

道灌・家康の都市計画

守護神として鬼門を活用した江戸

鬼門信仰は、京都で生まれました。正確には平安京で。

怨霊の祟りに恐怖して怯える文化、それが平安京だったのです。桓武天皇が創建した都ですから、この恐怖心も桓武天皇に発するものでしょう。怨霊の祟りを怖れる人は、そういうことをおこなったという逆証明でもあるでしょうね。それは、鬼門という恐怖の方位を創り出した原因でもあるでしょう。

これに対して江戸は、恐怖するような祟りがもとから希薄なので、**鬼門信仰を逆用**しました。つまり、最初から怨霊を「守護神」として活用することにしたのです。

「鬼門」を怖れる日本の風水は、江戸の建設にもさらに徹底してしこまれています。先に紹介したように、神田明神、浅草神社が表鬼門の守護として設定されました。しかしさらにその先にも、実は〝しこみ〟があったのです。少し詳しく見てみましょう。

第一の守護は、神田明神です。

それまで大手門前にあった将門明神社、通称・片目《かため》明神を現在地に遷移し、守護神として篤く祀りました。

なお、明治政府は祭神を平将門から大己貴命《おおなむちのみこと》へ替えてしまいますが（もちろん徳川の風水断ち！）、第二次大戦後ようやく本殿に合祀という形で戻りました。

現在は少彦名命《すくなひこなのみこと》も合祀されて三神相殿となっていますが、本来は将門のみを祀る社です。**江戸徳川の鬼門守護は、鬼神・将門こそ第一**であったのです。

表鬼門は、さらにその先に三社祭りで有名な浅草神社があります（浅草寺ではありません）。元々は三社と称していた社を、徳川幕府が三社権現とし、鬼門守護としたものです。明治の神仏分離により三社明神と社名変更し、後にさらに浅草神社と社名を変えました。この神は鬼神ではないので、おそらくは江戸住民の懐柔が目的だろうと思われます。


同様に、裏鬼門の守りは、山王日枝神社（千代田区永田町）です。

いずれも正確な地図を見れば一目瞭然で、議論の余地もありません。

また、その証左として、江戸期を通じて、神田明神と山王日枝神社の２社はまったく特別の扱いでした。

神田祭と日枝祭は、「天下祭り」と呼ばれてきたことはよく知られています。

その理由は〝天下一〟の豪華さを誇ったともいわれますが、なによりも将軍の上覧がある唯ふたつきりの祭りであったからなのです。つまり「天下様がご覧になる祭り」という意味なのです。


なお江戸の祭りというのは「町人のもの」であって、「武家のもの」ではあり

山王日枝神社

裏鬼門を守ってます

ここはほかの神社と大きく異なり、境内に狛犬ではなく「猿」が置かれています。猿はもともと神様と人間の間をとりもつ存在として昔から敬われる存在でした。こちらの神社の祭神の大山咋神（おおやまくいのかみ）が山の神ということもあって、同じく山の守り神とも呼ばれる猿が使いとして重宝されていたようです。本殿に向かって左側にいるメス猿は子猿を抱いていて、子宝や安産のご利益があるといわれています。

ません。普段は武士が道の中央を歩き、町人は端を歩く。しかし祭礼の間だけは道の中央を町人が堂々と歩くことが許されました。

そしてその最たるものは御輿《みこし》です。御輿とともに町人が練り歩く時には、武士も道を空けるという決まりでした。政策的には一種の〝ガス抜き〟であったのでしょう。普段抑圧されている側と抑圧している側を、年に1度だけ立場を入れ替えて、懐柔策としたものと思われます。

特別扱いはさらに進み、元禄年間からは2社の御輿のみは江戸城内に入ることが許されるようにもなりました。すなわち〝木戸天下御免[1]〟という訳です。これこそは、鬼門守護のご褒美ですね。

そして**鬼門守護の打ち止めは、水戸徳川**の設置です。

徳川は御三家[2]のひとつを水戸に置きました。これが「鬼門守護」の最終施策なのです。

●1 **木戸天下御免**
相撲や芝居などの興行に、入場料を払わないで入場できること。また、その人を木戸御免という。一般に、出入り自在なことをいう。ここから、江戸城に自由に入れることを「天下御免」、「木戸天下御免」という。

●2 **御三家**
尾張徳川家、紀州徳川家、水戸徳川家の3家のこと。いずれも祖は徳川家康の子。徳川将軍家に次ぐ地位にあり、徳川姓を名乗ることや三つ葉葵の家紋使用が許された。将軍家に後嗣が絶えた時は、尾張家か紀州家から養子を出すことになっていた。

また家康は「将軍継嗣についてのみ水戸を除外する」としていました。

それは「鬼門守護」の意味を熟知していたからです。「守護」の押さえは、不動であることによって機能します。動けば、風水の破壊となります。

ところが〝最後の将軍〟となったのは、ご存じの通り水戸徳川の慶喜《よしのぶ》●3です。彼は烈公斉昭《なりあき》を父として水戸徳川家に生まれましたが、その後ついに〝最後の将軍〟となります。歴代将軍の中でも際立って有能であり、初代家康にも擬せられたほどの人物であったにもかかわらず〝最後〟となったことで、**「鬼門の将軍は、幕府の滅亡を招いた」**「家康はこれを怖れていた」ともいわれます。

水戸が鬼門にあることは周知でしたから、一橋家の養子となることによって家康の遺言を回避したのだと思われます。しかし結果的に、家康の恐れていた事態を避けることはできなかったということになります。

というのも、御三卿●4はいずれも江戸城内に邸があったのですが、一橋家は本丸の鬼門に当たる位置でした。つまり水戸と一橋は同類なのです。同じ御三卿でも、

●3 **慶喜**
徳川慶喜／とくがわよしのぶ（1837-1913）。徳川第15代将軍。水戸藩主・徳川斉昭の七男として生まれ、後に御三卿の一橋家を相続。激動の時代に将軍になり幕政を立て直そうとするが時代の流れに抗えず大政奉還し徳川幕府を終わらせた。

●4 **御三卿**
田安徳川家、一橋徳川家、清水徳川家の3家。田安と一橋は8代将軍吉宗の子、清水は吉宗の孫が始祖。徳川将軍家に跡継ぎがない際に将軍家の後継者を提供する役割を担った。田安・一橋・清水の通称は、

田安家か清水家ならば北西になるので、将軍継嗣の方違え[5]としてはふさわしいものであったかもしれませんが、歴史に「もし」は禁物です。

結果として、水戸徳川は、鬼門守護を放棄して、幕府の幕引き役になってしまいました。

家康と天海の企み

ところで、江戸城鬼門の守護といえば、決まって上野の東叡山・寛永寺が挙げられますが、前述したように実は寛永寺は鬼門ではありません。これは目眩《めくら》ましです。設置したのは天海僧正の企図によるものといわれ、京の鬼門守護である比叡山にならって東叡山と名付けるなどは、いかにも天台密教僧のやりそうなことです。「東の比叡山」——これで誰もが寛永寺を鬼門守護と思いこむでしょう。

この根底には、実は老獪《ろうかい》な戦略が伏在しています。


それぞれの屋敷地がある江戸城内の最も近い城門の名称に由来する。

●5
方違え
陰陽道に基づいておこなわれた風習で、吉凶の占いでその方角が悪い場合、いったん別の方向に出かけ、目的地の方角が悪い方角にならないようにすること。

家康が信長・秀吉の〝風水断ち〟を徹底的におこなったことは先に紹介しましたが、当然自らにも降りかかる可能性を考えておかなければなりません。いかに緻密な風水を施しても、それを破壊されれば一巻の終わりです。**〝風水断ち〟によって天下を取ったがゆえに、家康はそれをこそ最も怖れた**のです。

そして仕組んだのが〝ダミー〟の建設です。しかもこれこそが鬼門の守りであると大いに誇示したのです。わざと拙い江戸市街地図を頒布し、鬼門軸から約30度外れている寛永寺と増上寺があたかも鬼門軸であるかのように巧妙なデマゴギーを流布し浸透させたのです。

この事実は、4代以降の将軍も、もしかすると知らなかったのではないかと私は考えています。家康と天海の企みは、徹底して秘することによって守り抜かれたのだと思われます。もし仮に、家康の死後、何者かが風水断ちとして寛永寺と増上寺を破壊しても、真実の江戸風水は無傷です。これが家康と天海の真の狙いであったのではないでしょうか。

江戸時代の人々は、精度の高い地図を入手できませんでした。精度の高い地図は、技術的には作ろうとすれば作れたにもかかわらず、作らなかったし作らせなかったのです。伊能忠敬《いのうただたか》[6]の精緻な日本地図が出現するのは江戸末期ですが、それまでは測量さえも許されることはありませんでした。なお忠敬は、もともと暦学・天文学の研究が専門でした。

現代の人々も、みごとに家康と天海の企みにはまってしまって、あらためて地図でチェックしようと考えもしないのです。

それが今に至るまで存続している〝江戸鬼門伝説〟の存在理由でもあります。

なお、茨城県にある東海村原子力発電所が、東京の鬼門にあることは多くの人が知っています。ここに日本の原発第1号が建設されたのはいったい誰の意志であったのか、またいかなる理由であったのか。

●6 **伊能忠敬**
いのうただたか（1745－1818）。現在の千葉県山武郡九十九里町の名主の家に生まれ、17歳で千葉県香取市佐原の伊能家の婿養子となり伊能忠敬となる。49歳で隠居して翌年に江戸に出て暦学天文を学ぶ。56歳から17年かけて全国を歩き、死後に弟子たちが日本全図を完成させた。歩いた距離は約4万キロで地球を一周したことになる。

――そう遠くない将来に、ここにこうした布陣をおこなったがゆえの〝結果〟は出るでしょう。しかしそれは、私たちにとって決して望ましい答えではないかもしれません。

桃太郎のお供はなぜ猿・雉・犬なのか

「鬼門」は、もはや私たち日本人に刷りこまれていると言ってもいいでしょう。なにしろ千年以上も鬼門と付き合ってきているのですから。庶民の日常生活の場から、為政者の城郭、御所にいたるまで、鬼門をキーワードとした風水が隅々まで行き渡り、おこなわれてきたのです。

ということは、その善し悪しも肯定否定もさておいて、**日本の歴史を繙《ひもと》く重要なキーワードのひとつが「鬼門」**であるのも否定することはできないでしょう。

そんな「鬼門」を無視しては、日本の歴史や文化を完全に理解することはできないのです。

たとえばお伽噺《とぎばなし》や昔話はとかく不条理なストーリー展開で、明確な論理的帰着や整合性を求めるべきではない、という考え方があります。たしかに多くのお伽噺や昔話は時間の経過とともに変形し、多くは原型が見えなくなっていたりもします。

しかし、そうそう不条理なばかりでもなく、本質を垣間見せるものも少なくないのです。私たちは物語の本質を見極められなくなっていて、それがさらなる変型（デフォルメ）をもたらしてもいるのです。

寓話と形容されるものには現実世界の比喩や暗喩、あるいはもっとはっきりと教訓が読み取れたりすることもあります。また、寓話を基本とする論法で、年月の経過が、ストーリーに加除の変化をもたらして、はからずも不可思議な展開になってしまった、という物語もあります。

たとえば仏教説話のたぐいは「布教」という目的があるのだから、ストーリーはそこへ向けて収斂《しゅうれん》されて当然です。

仏教説話の成立はさほど古くはないのですが（代表的な説話集である『今昔物語集』[7]の成立は平安時代です）、日本人の誰もが知っている五大お伽噺となるとその起源も定かでないほどで、流布の範囲もほぼ全国に及んでいます。

その中の代表ともいえる『桃太郎』は、鬼退治の英雄伝説であり、日本男児の武勇の象徴として語り継がれてきました。岡山が発祥地との説もありますが、一定の構造を備えた物語として全国的に伝えられています。すなわち共通する類型・構造とは、

「桃太郎が猿・雉《きじ》・犬を使って鬼を退治する」

というものです。この構造だけはどの地域の伝承においてもほぼ絶対のものであって異動はありません。

しかし子供心に思うのは、あの恐ろしい鬼たちを、決して強い獣の範疇には入

●7 **今昔物語集**
平安時代後期の日本最大の説話集。作者未詳。31巻で1000余りの話を収録。天竺（インド）、震旦（中国）、本朝仏法、本朝世俗の4部に分けられ、説話の内容によって整然と分類配列されている。書名は、各話が「今は昔」で始まることに由来する。

らない猿と雉と犬とで退治できるのだろうか、という素朴な疑問ではないでしょうか。桃太郎はもっとほかに強力な助っ人が手配できなかったのか。

しかしその布陣で見事に勝ってしまうことの不思議さは、そのまますべての子供の心に刻印される。「鬼に勝つのは猿・雉・犬である」と。虎でも熊でもなく、彼らなのだと。これが、桃太郎の原理です。


十二支の方位図を見るとわかりますが、「鬼門」は東北（丑寅《うしとら》）の方角で、その正反対の南西は「正」の方向に申《さる》、酉《とり》、戌《いぬ》となります。

すなわち、鬼に立ち向かうための「正義」は、猿と鳥と犬が体現するのです。

ほかの何者であっても、彼らに勝る正義はない！

ちなみにわが国では鳥といえば雉のことでした（雉は現在も日本国の国鳥）。

そしてこれは「鬼門封じ」なのです。

家相で鬼門除けに「桃の木」を植えるのも、ここから来ています。

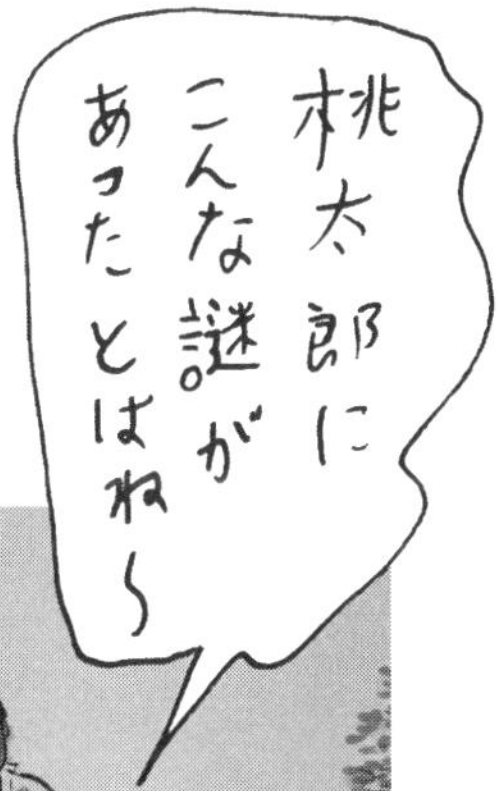

桃太郎

桃太郎のモデルは岡山県の吉備津神社（備中国一宮）の祭神で、吉備平定の際に温羅（うら）という名の鬼を退治したという吉備津彦（きびつひこ／第7代孝霊天皇の皇子で四道将軍のひとり）ともいわれています。ちなみに五大お伽噺とは『桃太郎』以外に『花さか爺さん』『舌切りすずめ』『さるかに合戦』『かちかち山』をいいます。

といっても、**そもそも桃太郎がなぜ「桃」なのか**といえば、これは日本神話の原点であるイザナギ・イザナミ神話[8]に由来しています。桃は古来「聖なる果実」「魔を祓う力のある果実」なのです（詳しくは拙書『深読み古事記』をご覧ください）。

また、鬼の姿は「2本のツノに虎皮のパンツ」が定番ですが、これはもちろん鬼門が「丑寅《うしとら》」の方位であることにちなんでいます。

日本と中国の鬼の違い

鬼門をひたすら恐れる一方で、これを神として信仰する者が現れます。

それが「金神信仰《こんじんしんこう》」です。

「畏敬」という日本人好みの伝統的な特質が、鬼門を恐れるだけでは放っておかなかったのです。「畏れ」ながら「敬う」のは、日本の信仰形態の特徴のひとつ

[8] **イザナギ・イザナミ**
日本神話の神様。男神がイザナギで女神がイザナミ。天地開闢の後の神代七代の最後に生まれた夫婦神で、国土と多くの神々を誕生させた。火の神カグツチを産んだことがきっかけでイザナミは命を落とし、イザナギは妻を求めて黄泉の国（死者の国）へ向かう。変わり果てた妻の姿を見て怖くなり逃げ出したイザナギは、辱めを受けて怒ったイザナミに追われ、地上と黄泉の国との境にあたる黄泉比良坂で永遠の別れをする。死の世界から帰ったイザナギが禊をした際に生まれたのがアマテラス、ツキヨミ、スサノヲの3貴子である。

です。祟り神を懇切に祀ることで守護神と化することと本質的には同じです。
たとえば天神信仰。菅原道真公の霊威は恨みによって都に祟りをなしました。しかもその祟りなす神威はすさまじく、高位の公卿が次々と変死する。しかし、あらためて敬意をもって祀ることによって、その強力な神威は、強力な守護の力となったのです。

このタイプの信仰を「御霊《ごりょう》信仰」と呼ぶのですが、わが国ではかなり古くから定着しているスタイルで、全国的にも神社の多数を占めています。すなわち**恨み深き「怨霊《おんりょう》神」を、味方としてしまう**スタイルです。

ところで「鬼門」は、道教＝風水をその発生期まで遡《さかのぼ》っても「禁忌」や「凶方位」であるという根拠は見出せません。

中国には歴史的に東北方位を恐れる理由があったという説がありますが、これは錯誤でしょう。匈奴《きょうど》●9は北方の民であり、万里の長城も北方の脅威に対して築か

●9 **匈奴**
紀元前4世紀頃から5世紀にかけて中央ユーラシアに存在した遊牧民族。

れているものです。東北ではありません。

ほかにもとくに東北方面を恐れる理由は見当たりません。

基本的な宇宙観である「天円地方《てんえんちほう》」◉10で初めて鬼門が登場しますが、それは**脅威を示すものではなく死者の霊が出入りする場所**としてのものです。さしずめわが国の黄泉比良坂《よもつひらさか》◉11（黄泉の国への出入り口）のようなものです。

方形の大地には四隅に門があり、北東は鬼門、東南は風門、南西は人門、西北は天門としました。それぞれの通過する唯一の門がその方位にあるということです。

ただ、その「鬼」は、私たちの知っている鬼ではありません。

なにしろ、愛すべき私たちの鬼は虎皮のパンツに2本の角があるのですから。

このようなスタイルの鬼は日本生まれなのです。「鬼」というものの概念はずいぶん変遷していますが、古くは鬼を「カミ」と訓じていたことさえあります。

「オニ」にしても「カミ」にしてもヤマト言葉であって、中国生まれの「鬼」と

◉10 **天円地方**
天は円く、地は方形であるという古代中国の宇宙観。中華文化圏の建築物や装飾のモチーフとして用いられる。日本の前方後円墳もこの考えでつくられている。

◉11 **黄泉比良坂**
生者の現世と死者の他界（黄泉）との境目にあるとされる坂。黄泉の国へ行ったイザナギがイザナミと永遠の別れを交わしたところ。腐乱したイザナミを見て逃げ出したイザナギは黄泉比良坂まで逃げ、そこにあった桃の木の実を投げて追手を退ける（桃の魔力）。最後にイザナミ自身が追いかけてきたが、イザナギは巨石

いう漢字には本来そのような読み方は存在しません。漢音、呉音、晋音のいずれにもないのです。

鬼門の方位は丑寅ですが、これを八卦に充当して一語で「艮《うしとら》」と称します。艮は「ごん」とも読みます。これを五行の「金《ごん》」に重ね合わせて「金神《こんじん》」が生まれます。

「金神《こんじん》」を最強の祟り神としたのは安倍晴明《あべのせいめい》とされています。

しかも金神は、道教にもなく、神道にもありません。民間に流布してからは俗習としてあまねく広まり、江戸では暦の迷信の代表格のようになりました。

金神は遊行するとされます。つまり一定の方角にとどまらず移動するということです。

金神七殺というほどに強力に祟るとされます。つまり、さわる者はその祟りが近親7人に及ぶというのです。


を黄泉比良坂に置いて道を塞ぐ。起こったイザナミは、毎日人を1000人殺してやると言い、それに対してイザナギは、それなら毎日1500人の子供が生まれるようにしようと答え、黄泉比良坂を後にした。

しかしこの金神をむしろ信仰の対象とした教派神道[12]が生まれます。救済の最高神として主祭神にしたのは金光教[13]であり、「鬼門（うしとら）の金神」が世の中の立て替えをおこなうとしたのは大本教[14]です。その大本の東京本部である東光苑・東京宣教センター（東京都台東区）は、なぜか江戸城鬼門の湯島にあります。間にビルが建つ前は、湯島天神からすぐ下に見えました。

長い年月の間に、風水も陰陽道も数え切れないほど大量の迷信を生産し、振り撒いてきました。結果として誤解を招き、不信をもたらし、ゆえに中国でも日本でも危うく消滅寸前まで行ったことは否めない事実です。しかしそれゆえにこそ、全否定し去ってしまって良いものではありませんよね。

人類は、歴史の中で数限りない思想や哲学を生み出してきました。その世界観・宇宙観はまことにバラエティに富んでいて、皮肉を込めて言わせてもらえば「選り取り見取り」です。

●12 **教派神道**
幕末期に起こり、明治時代に教派として公認された14の神道系宗教教団（神道大教、黒住教、神道修成派、神宮教、出雲大社教、扶桑教、實行教、神道大成教、神習教、御嶽教、神理教、禊教、金光教、天理教）のこと。のちに神宮教は神宮奉賛会となって離脱したため13団体となり、神道十三派と呼ばれた。

●13 **金光教**
1859年、岡山県で川手文治郎が開いた宗教。同じ江戸時代末期に開かれた黒住教、天理教と共に幕末三大新宗教のひとつ。祭神は天地金乃神（てんちかねのかみ）と教しかしそのうちのどれひとつとして、すべての人類の心をとらえることはできなかったのです。これぞ決定版と言える世界観、しかも誰もが認める世界観が未だに人類の手にはもたらされていないことは、普通に知性ある人間であれば承知しているはずです。

これが、人類の未熟さの証しなのか、それともその程度の生物にすぎないゆえなのか、私たちにはまだ答えは出せていません。

ただ、その中であっても、多くの〝真理〟が見出されていることも事実です。**陰陽五行による天地の解釈は「偶然の一致」を遙かに上回るものである**ことは誰にも否定できないでしょう。ここまで整合する論理体系は、それだけで真理に限りなく近いと理解しても良いのではないかと私は考えています。

西洋の黄金比やフィボナッチの数列に対して、東洋の陰陽五行……これは世界・宇宙を解き明かす有力な「原理」のひとつであろうと思います。科学《サイエンス》の核《コア》と

祖である金光大神（こんこうだいじん）。参拝者の願いを神に届け、神の願いを参拝者に伝えて、神と人が共に助かる生き方を求めていく「取次」を信仰活動の中心においている。

●14 **大本教** 1892年、開祖・出口なおに国常立尊（くにとこたちのみこと）が「艮の金神」として神懸りしたことに始まる神道系の新宗教。娘婿の出口王仁三郎によって組織化された。自動書記で書かれたなおの「お筆先」によって、艮の金神の世の立て替え・立て直しを唱え、理想世界「みろくの世」の実現を説き隆盛したが国家に危険視され弾圧された。

なるものだと思われます。

だからこそ、全否定するのではなく、しかしまた全肯定するのでもなく、混在する体系に線引きをおこない、迷信と真実とを峻別すべきでしょう。それが今後の風水自体のためでもあり、せっかくの知恵が失われるのを防ぐという意味で私たちの義務でもあるでしょう。そう、これは「人類の知恵」であり、さしずめ「神々の叡慮」でもあるのです。

もし誰も鬼門を信じていなければ、延暦寺も神田明神もなかったかもしれませんしね。

江戸時代 3

富士見坂と富士講

富士山が守護する関東平野

江戸っ子と富士山

東京には、「富士」の付く地名がいたるところにあります。富士見坂や富士見ヶ丘、富士塚など、「都内を歩けば富士に出会う」と言ってもいいでしょう。そういえば洋菓子の「不二家」も、そうでしたね。

とりわけ多いのは富士見坂で、現在23カ所が地図で確認できるようですが（文京区5、港区4、千代田区3、ほか）、江戸時代にはその何倍もあったというから驚きです。

勝手に選んだ東京富士見坂ベスト10を挙げてみましょう。あなたも通ったことがあるかもしれませんね？

▼富士見坂　文京区本郷2丁目
▼御殿坂（富士見坂）文京区白山2丁目と3丁目の間

▼富士見坂　港区芝公園4丁目

▼富士見坂　千代田区永田町2丁目と紀尾井町の間

▼富士見坂　千代田区富士見2丁目と九段北3丁目の間

▼宮益坂（旧・富士見坂）渋谷区渋谷2丁目

▼南郭坂（富士見坂）渋谷区東2丁目と3丁目の間

▼目黒富士見坂　目黒区目黒1丁目

▼富士見坂　目黒区青葉台4丁目

▼富士見坂　大田区田園調布1丁目

『新世界「下町」の誕生』の章で江戸の名物を紹介しましたが、これに「富士見坂」をはじめとする「富士云々」もぜひ入れなければいけませんね。もしかすると、「伊勢屋」に匹敵するかもしれません。

でもまあ、考えてみれば、東京は坂の多い町で、なおかつ江戸時代には高層建

築もないわけですから、どこからでも富士山が見えたのでしょう（なお、ここに挙げた富士見坂のベスト10は、坂道としての順位です。いずれも現在は富士山を望むには近隣のビルにでも上がらない限りは大変です。なにしろ東京都区部ですからね！）。

毎日見ている江戸っ子でさえ、その美しさに魅せられていたのですから、初めて江戸を訪れた人には印象深かったかもしれませんね。

葛飾北斎の名作シリーズで、世界的にもすっかり有名になった『富嶽百景』や『富嶽三十六景』にも、背景に富士山が入りこんだ江戸の風景が数多く描かれています。歌川広重などほかの作家でも、江戸の風景画といえば、遠景に富士山を入れたものが多いですよね。『名所江戸百景』『不二三十六景』を広重に描かせた版元は、露骨に北斎を真似しています。両シリーズは、よほど人気があったのでしょう。

富士山は、それほど江戸っ子に大人気のアイテムなのです。**大江戸八百八町は、**

朝な夕なに富士山にご挨拶する町なのです。そこで、とくに眺めの良い場所、絶景ポイントには富士の名が冠せられたというわけですね。

私の住まいからほど近いところにも複数の「富士」がありますが、日暮里富士見坂はとくに有名です。谷中と千駄木の中間点でもあるところから、近年は「谷根千めぐり」の外国の人たちも大勢訪れる一大観光地です（観光を意識して、街路灯や路面の意匠に富士山が配されています）。

写真は早朝なので人がいませんが、昼間は平日でもけっこう人通りがあるので驚きです。なにしろこの坂は、両側が墓地なので、富士山を眺めるほかに特に目的はないですからね。

ちなみに、この坂は1月30日頃と11月11日頃に、この坂上からダイヤモンド富士が見られるということで人気があります。写真の一番奥、登り切ったところで振り返ると、天気に恵まれれば見えるはずです（20年くらい前までは富士見坂べスト1だったのですが、その後ビルが次々に建って、現在はビルの間に一部が見える状態です)。

これだけ聞いても、東京と富士山は昔から縁が深いと想像できると思いますが、実は富士山と東京との関係は、古来ただならぬものがあります。極論すれば、**富士山があるから東京も存在する**のです。

この地に最初に拠点を建設したのは江戸氏だと先に述べましたが、その後の武家・政治家たちも、同じ場所を中心地として選びました。それが、江戸城です。

そして明治以降も、新しい政治家たちまでが、ここを首都に選びました。さらに、天皇陛下をもこちらへお移りいただくのですから、ただごとではありません。

先にちょっとふれましたが、**日本の都は、藤原京以来、すべて風水で選定**してきています。

平安京(京都)は、その集大成だったはずですよね。だから、1000年もの

日暮里冨士見坂

荒川区西日暮里３丁目。これは坂の下から見上げた景色です。坂の上にはこのあたりの氏神様の諏方神社があります。

長い期間、都であり続けたのでしょう。

なのに、突然、東京遷都です（遷都したことで「江戸」は「東京」になりました。つまり、「東の京」ですね！）。もう、京都人は大騒ぎです！　なにしろ、今でも「都は京都や」と言い張る人も少なくありません。公式に遷都、つまり「みやこうつし」の宣言をしていないからということらしいですね。

私は個人的には、皇室が京都の御所に移転というか帰ることに賛成です。

でも、政治・経済の首都機能を移すのは無理でしょう。なので皇室も、国家儀礼の時だけ東京の現・皇居で引き続きおこなって、祭礼は京都の御所でおこなうほうが良いかもと私は考えています。そして普段から、平安調の装束を着ていただきたい。洋服などよりよほど素晴らしい！　と、私は思います。なにしろベースが違います。京都は１３００年間も、公家の町だったのですから。

これに対して東京は最初から武家の町です。江戸時代の武家とは、役人のことです。中央官庁の官僚というのは、言ってみればその後身みたいなものですから。

ところで省庁移転はだいぶ以前から叫ばれていますが、消費者庁が実験的に徳島県へ機能の一部移転をおこなっただけで、官僚の抵抗はすさまじいことになっています。この様子では、ほかは動きそうにありませんね。官僚たちも、東京が大好きなのでしょう。

それはきっと、東京は富士山が見えるからかも？　なにしろ「富士見坂」と入力すると「不死身坂」と変換候補が出るくらいで、これは官僚の皆さんの願望かもしれません。東京は「不死身」の都市なのです、きっと。

恐ろしい山・富士山の大衆化

江戸の町は、富士山の特別なエネルギーを引きこむために、陰陽道の秘術を尽くして建設された街です。そのことは『「江戸風水」の完成』の章でも説明しましたが、古来、富士山は日本第一の信仰対象です。

日本人は、縄文の昔から、**神は山へ（あるいは山から）降りてくる**と考えていました。

なんたって、一番高い山は、すなわち一番天に近い山ですもんね。しかも、富士山はひときわ美しい。そして単独峰ですから、目立ちます。これなら、日本中の人が信仰しても、なんの不思議もありません。

でも、山岳信仰（カンナビ信仰）というのは、畏怖心と一体です。畏れながらも敬うし、敬いながらも畏れるのが信仰ですよね。

なにしろ富士山は、恐ろしい山です。

前回の噴火は安政元（1854）年の安政大地震[●1]に連動しましたし、そのすぐ前に宝永大噴火[●2]が宝永4（1707）年に起きているので、江戸の人々にとってはその記憶も生々しいばかりです。

本書の冒頭でも紹介しましたが、江戸の町は、富士山の火山灰（関東ローム層）の上に建っています。しかも、その火山灰は、昔々からたびたび積もって重

●1 **安政大地震**
安政年間（1850年代）に日本各地で連発した大地震。一般的には安政2（1855）年に発生した安政江戸地震を指すことが多いが、この前年にあたる1854年に発生した南海トラフ巨大地震である安政東海地震および、安政南海地震も含める場合もあり、さらに飛越地震、安政八戸沖地震、そのほかにも伊賀上野地震に始まる安政年間に発生した顕著な被害地震も含めて「安政の大地震」と総称される。その数は13回で、江戸だけで死者は1万人ともいわれている。

なっているもので、その間隔を考えるともう**次の噴火がいつ起きても不思議のない時期に突入**しているのです。

浮世絵などに、噴煙が立ち上る富士山が描かれているのをよく目にしますが、江戸時代には富士山はまだ活火山でした（今でも休火山であって、死火山ではありません。休んでるだけですから、油断は禁物ですよ）。

そんな恐ろしい山なのに、江戸時代には、なんと「富士山の大衆化」が起きるのです。現代は「俗化」が進みすぎて、世界自然遺産になれませんでした（その後、修正して、世界文化遺産として登録されましたが！）。

しかし、富士山の大衆化は、すでに江戸時代に始まっているのです。

それがいわゆる「富士講」です。

日本人の大好きな講社は、信仰の山（山岳信仰）には付きものです。立山講、大山講、三峯講などが知られていますが、とくに富士山は、その山頂を望める地

●2 **宝永大噴火**
平安時代に発生した「延暦の大噴火（800年－802年）」と「貞観の大噴火（864年－866年）」と並ぶ、富士山三大噴火のひとつ。噴火は約2週間続き、火山灰は関東一円に降り注いで農作物に多大な被害を与えた。100km離れた江戸にも火山灰が積もった。

域（富士山が見える場所）に限定されて発生しました。

むろん富士山がいくら高いといっても、日本中どこでも見えるわけはありませんよね。それなのに、全国各地には○○富士という呼び名がたくさんあります。

北海道には利尻富士（利尻山）、九州鹿児島には薩摩富士（開聞岳）というように、地理的にまったく無縁の北から南まで、富士山への憧れは行き届いているくらいです。

富士講の大ブーム

それでは、その「富士講」とはどのようなものだったのでしょうか。

それは別名「浅間講《せんげんこう》」ともいうように、富士山（それを依り代とする神）を信仰する講社のことです。講社というのは、グループを組んで参拝する「社員旅行」みたいなもの。信仰はちょっとだけ、レクリエーションがほとんどでした。

もちろんそれは、普段から熱心な信仰があって、そのご褒美みたいなものですが。

この「富士講」は、主に江戸を中心に関東で大流行しました。

その起源は、戦国時代から富士山麓の人穴で修行した角行[3]に始まるとされています。その後、弟子筋の身禄《みろく》などによってさらに発展したものです（身禄は富士山中で断食して入定。墓は文京区向丘の海蔵寺にあります）。

江戸時代後期には、「江戸八百八講、講中八万人」といわれ、講社の数は最大限に膨らみ、ほぼすべての町内に存在したともいわれています。

総数としてはたいへんな勢力となっていましたが、既成宗教とは一切関係がなく、純粋に民間信仰として発生し、発展したものです。

地域社会の代参講という性格は、伊勢講や大山講と同類で、彼らに対応するために富士山の各登山口には御師[4]の宿坊が設けられ、御師は各地に出て布教活動もおこなっていました。

●3
角行
かくぎょう（1541－1646）。長崎の武士の子として生まれる。18歳頃、修験道の行者として諸国を遍歴し、修行を積んだといわれる。富士の神である仙元大日（浅間様、コノハナノサクヤヒメ）を唯一神とする教義を提唱して関東地方の農村に布教した。105歳で富士山麓の人穴で入定したと伝える。

●4
御師
特定の寺社に所属して、その社寺へ参詣者を案内し、参拝や宿泊などの世話をする者のこと。現代のツアコンのようなもの。

ちなみに、富士吉田口では最盛期に御師の宿坊が百軒近くにも上りました。これらの繁栄を支えていたのは、もちろん江戸っ子たちです。

富士講のもうひとつの拠点である河口湖町は、北面に河口湖を望み、南は富士山裾野の原野が広がっていますが、湖畔に●5富士御室浅間《ふじおむろせんげん》神社（山梨県南都留郡富士河口湖町）の里宮があり、こちらも、江戸っ子の講社で栄えた町です。

当時世界最大規模にまでふくれあがった巨大な都市こそが、富士講なるものを作り上げ、しかも全面的に支えていたのです。

ただ、明治以降は急速に衰退し、一部が丸山教や扶桑教などの教派神道といわれる教団になって継続しますが、講社自体はわずかな数となり、御師の宿坊も数件となっています。江戸っ子も東京っ子も富士山は大好きなのですが、信仰から観光へと、一変したようですね。

なお、居住地での信仰拠点として、「富士塚」という富士山のミニチュアを溶岩などで築造しました。現在でも、都区内・都下合わせて100カ所以上がその

●5 **富士御室浅間神社**
山梨県南都留郡。祭神は木花咲耶姫命（このはなさくやひめのみこと）。699年創建で富士山最古の神社とされる。

駒込富士神社

この神社の拝殿は富士山に見立てた富士塚の上にあります。大流行した富士塚のなかでもここは最も古いもののひとつです。祭神はコノハナノサクヤヒメ。ちなみに初夢で有名な「一富士、二鷹、三茄子」の「富士」とはこの神社の富士塚のこと。この周辺に鷹匠屋敷があり、また駒込茄子が名産物であったことに由来しています。「駒込は一富士二鷹三茄子」と当時の縁起物として川柳に詠まれました。

まま残っています。またその中のいくつかは富士神社ともなって、現在も地域の信仰拠点となっています。

富士神社・浅間《せんげん》神社はコノハナノサクヤヒメ●6を祭神としています。しかし、祭神とされたのは室町時代末期であろうとされます。それ以前からの神は、なぜか消されてしまいます。

さらにそこから、富士山（浅間明神）が女体山であるとの説や、富士神と三島神を父子とする伝説にもつながっていったとされます（井野辺茂雄『富士の歴史』より）。つまり、富士信仰は、変えられてしまったのです（元々は浅間神と か富士大神と呼ばれる男性神です）。

中世以降、いわゆる「本地物《ほんじもの》」●7の流布流行によって、富士信仰の仏教化（習合）が各種勝手におこなわれ、混乱の花盛りとなるのです。

この頃に盛んに描かれたのがいわゆる「富士浅間曼荼羅《まんだら》」です。本来の富士信

●6
コノハナノサクヤヒメ
天孫降臨してきたニニギノミコトに求婚され妻となる。妊娠した子がニニギノミコトの子であることを証明するために産屋に火をつけて出産した。海幸彦と山幸彦の母。オオヤマツミの子で、姉はイワナガヒメ。三島神とはオオヤマツミのこと。

●7
本地物
本地垂迹（ほんじすいじゃく）思想にもとづいて成立した読み物。鎌倉時代の神・仏・社寺の縁起、高僧伝、室町時代の御伽草子の一類、江戸時代の神・仏・社寺の縁起を基にした語り物・読本など。本地垂迹とは、神は仏が世の人を救うために姿を

『絹本著色富士曼荼羅図』

室町時代の作と考えられている富士曼荼羅図の代表作です（国の重要文化財）。この曼荼羅図は富士山信仰を広める目的で描かれ、富士信仰を絵画という形で説いたものとされています。

仰とは異質なのですが、美術作品として名作が少なくないのはなんとも皮肉なことです。混沌の歴史の徒花《あだばな》というものでしょう。

富士講も、そんな徒花のひとつです。

というわけで、富士山信仰は思想的・哲学的には混乱の極みでありますが、庶民信仰というものは、いつの時代もそのようなことにはこだわりません。

江戸から遠望する富士山はあくまでも美しく、しかし突然噴火すれば何よりも恐ろしく、崇敬と畏怖とが一体となった信仰心はあくまでも感覚的なのです。

ミニチュアの富士山である富士塚を造り、その傍らに富士神社（浅間神社）を創建し、それでも足らずに富士講を結社して、富士山に団体登山に出かけていく。

江戸の人たちは、富士山の魔力の虜になった人たちです。

そういえばきっと、葛飾北斎も富士山の魔力にとらわれた一人なのでしょうね。

変えてこの世に現われたとする考え方。

江戸時代4

家光が完成させた呪術大構想

日光東照宮と北極星が守護する東京

（日光東照宮の謎）

「日光を見ずして結構と言うなかれ」

なんていう語呂合わせの言い方があるほどに、日光は大観光地です。しかもそれは、どうやら江戸から始まったようですね。

私は埼玉県北部の出身なのですが、小学校の修学旅行は日光でした。東照宮と華厳の滝は、いまだに目の底に焼き付いています。華厳の滝は、言うまでもなく古代から存在する名所です。しかし東照宮は、徳川家康の霊を祀るために創建されたのですから、４００年ほどしか経っていません。神社としては比較的新しいものです。

それ以前に江戸の人たちが日光へ出かけていくという話はあまり聞かないので、江戸の人たちがたくさん行くようになったのは、やはり東照宮ができてからでしょう。杉並木で有名な日光街道も、五街道のひとつではありますが、東照宮ができたので整備されたものです。

江戸風水の設計者についてはいくつかの説がありますが、すでに述べたように私は南光坊《なんこうぼう》天海であると考えています。その根拠はいくつかありますが、なんといっても一番の理由は、東照宮の創建です。

家康の死後、その霊位を祀る神社を創建するにあたり、「明神」号を主張する崇伝《すうでん》に対して、天海は「権現」号を主張。そして、皆さんご存知のように、家康は「東照大権現」という神号になりました。そして家康の遺言に従って、最初に埋葬された駿河の久能山から遺骸（の一部）を、日光に運びます。

これをおこなったのは三代将軍の家光です。

古くは日光は二荒山《ふたらさん》と呼ばれていて、二荒山《ふたらさん》神社のカンナビでした。この地は●1勝道が開山して輪王寺《りんのうじ》を建立したとされていますが、それより**はるか以前から聖地であり、人々の信仰対象**であったのです。

●1 **勝道**
しょうどう（735－817）。下野国（栃木県）生まれの僧。日光山を開山した。

もうおわかりと思いますが「二荒山」を音読みして「にこう山」にしたのが「日光」の由来です。

日光参りをする江戸の民衆から、「日光二社一寺」と言い習わされて、それは東照宮、二荒山神社、輪王寺の総称です。そして、日光山・輪王寺には、天海の墓があるのです。そう、日光は、天海の霊地なのです。家康を祀り上げて守護神とし、家康の霊位を天海はここに座して永遠に守るために鎮座しているのです。

ところで、天海が実施した江戸風水には、もうひとつ企みがあります。**富士山と日光の連結**です。これを「不二《ふじ》の道」と呼びます。

図をご覧ください。一目瞭然、東照宮と富士山との位置関係には、こんな仕掛けがあったのです。

●2久能山《くのうさん》東照宮と●3日光東照宮を直線でつなぐと、富士山頂がそのライン上にぴったり重なりますね。しかも、ライン上には●4世良田《せらた》東照宮（家康の先祖の地）まで

●2
久能山東照宮
静岡県静岡市。祭神は徳川家康。晩年を駿府で過ごした家康が1616年に死去した後、遺命によりこの地に埋葬された。翌1617年に2代将軍・秀忠によって東照社（現・久能山東照宮）の社殿が造営された。

●3
日光東照宮
栃木県日光市。祭神は徳川家康で、相殿として豊臣秀吉と源頼朝を祀る。家康の死の翌年、久能山から改葬され、その後、1634年〜1636年に3代将軍・家光によって現在の日光東照宮ができた。日光の社寺は世界文化遺産に登録されている。

不死（不二）の道

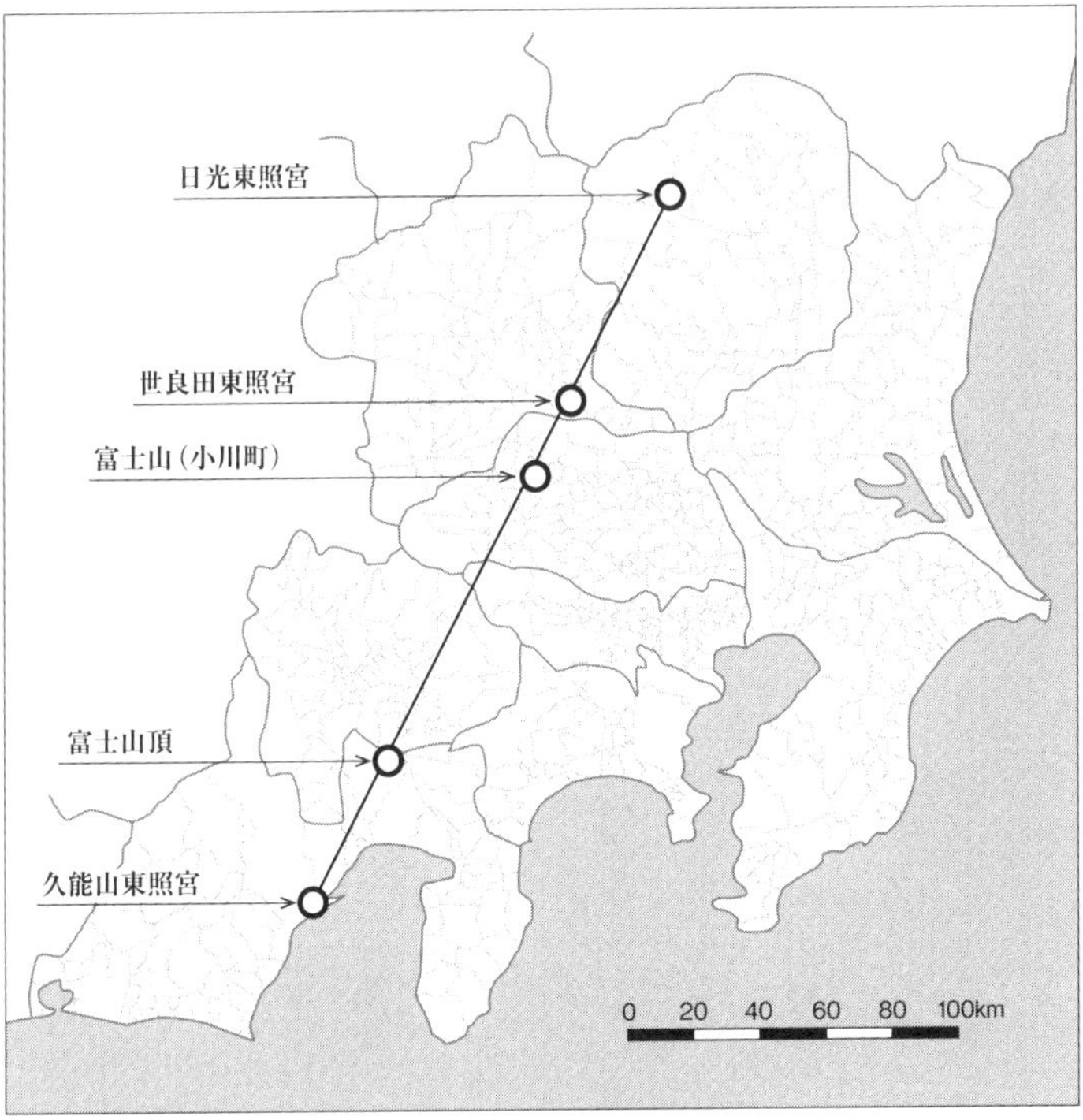

家康の遺骸を埋葬した久能山東照宮から日光東照宮までの直線の道。ここから、風水を知り尽くした天海の企みが見てとれます。

存在します。これらを一直線につなぐラインを「不死の道」と呼びます。

この仕掛けは徳川家康も生前に承知していたもので、遺骸はまず久能山に埋葬して、後に日光へ改葬せよと遺命しているのです。設計したのはもちろん天海僧正でしょう。上野の東叡山寛永寺を創建してからの経歴は明らかですが、それ以前については謎の多い人物です（※拙著『天眼　光秀風水奇譚』は彼の謎の半生を描いた歴史小説です。興味のある方は、ぜひ、ご一読を）。

天海が地理風水や陰陽道に基づいて設計したことは、呼び名にも表れています。「神となって、江戸を永遠に見守る」との意図が「不死の道」には読み取れます。「不死」とは「死なない者」、すなわちそれは「神」のことだからです。

久能山の霊魂が、富士山（不死山）を経て日光へ向かうことによって永遠不滅の神霊となり、守護神になるという思想です。

●4
世良田東照宮
群馬県太田市。祭神は徳川家康。1644年に3代将軍・家光の命により、徳川氏の祖である世良田義季（新田義重の四男）の墓があり天海が住職をしていた長楽寺の境内に創建。日光東照宮の古社殿を移築して建てられた。ここは新田氏の開祖・新田義重（源義家の孫）の居館跡とされ、関東に入った徳川氏は、新田氏から分立した世良田氏（得川氏）の末裔を自称していたため、徳川氏ゆかりの地ともされた。

そして、このラインは「龍脈《りゅうみゃく》」の先端にある「龍穴《りゅうけつ》」を結んだものです。龍脈とは、気（龍気）の通り道のことで、地理風水の用語です。元々は、大地の中心と目される山岳――これを地理風水では太祖山《たいそざん》と呼びます――から四方に流れる峰を龍が走る姿と見立てて、気の通り道であるととらえたことによるものです。

そして、気が吹き上がる地点（パワー・ポイント）を「龍穴」と呼びます。各地の東照宮は大小の龍穴を選んで建てられていますが、なかでも特別に強力な龍穴が日光であるとされます。

「不死の道」を龍脈・龍穴との関連でとらえるのは、日本の風水＝陰陽道独自の解釈、あるいは天海独自の解釈です。天海は、陰陽道に基づいて江戸の街を設計していますが、その総仕上げとしてこのような仕掛けをも用意していたのです。

「東照」という名称も、おそらくは天照大御神の「天照」に対応する天海の造語であろうと思われます。**アマ・テラスに対して「アズマ・テラス」**という意味でしょう。

（光秀・家康・天海という不思議なつながり）

東照宮については、いみじくも勝海舟がこんなことを述べています。

「久能山だとか、日光だとかいふものを、世の中の人は、たゞ単に徳川氏の祖廟とばかり思つて居るだらうが、あそこには、ちやんと信長、秀吉、家康、三人の霊を合祀してあるのだ。（中略）これで織田豊臣の遺臣なども、自然に心を徳川氏に寄せて来たものだ。」（『氷川清話』より）

興味深い指摘ですが、実際には海舟の言に完全に一致するのは久能山東照宮であって、日光は秀吉とともに信長ではなく頼朝が祀られています。ただ両社ともに秀吉が祀られているのは海舟の指摘通りで、政策的にも大きな意味があるでしょう。

「東照宮」は、現在全国に60社余鎮座していますが（明治以前は５００社以上ありました）、その頂点にあるのが久能山東照宮と日光東照宮です。なにしろ久能山は家康遺骸の最初の埋葬地であり、日光はそれを改葬して永遠に眠る墓地なのですから。

ほかの東照宮はすべてこの両社いずれかの勧請分霊であるのに対して、この2社のみは家康の埋葬地であるという特別の意味を持っているのです。

そして世良田東照宮は徳川氏の先祖の出身地であって、これもまた別の意味で特別です。

ちなみに久能山東照宮から真西に約１００キロメートルのところに岡崎城があります。言わずと知れた家康の生誕地です。

そしてどちらも緯度34度57分にあります！　これを偶然とする人はいないでしょう。徳川家康の生誕地と埋葬地が同じ緯度にあるのは、陰陽道の相地法に基づいているのです。

岡崎からさらに真西へ約100キロメートルの地には亀岡市・亀山城がありま す（緯度35度00分）。この城は、もともと明智光秀の居城であったものです。

亀山城・岡崎城・久能山東照宮……、この東西ラインはいったい何を暗示しているのでしょう。まるで、**光秀・家康・天海という3者に、「特別なつながりがあった**としか思えないではありませんか。

光秀は築城の名手としても知られており、わが国で最初に天守閣を設計したことはよく知られています（長浜城）。また、築城術に不可欠な陰陽道（方術）に通じており、天文地理に抜きんでていたと思われます。その成果が、亀山城なのです。ここは、長浜などのように〝与えられた〟土地ではなく、光秀みずからが望んで得た土地でした。

ちなみに亀山城は、大正時代に入ってから新興宗教教団の大本《おおもと》教が購入し、現在はその本部となっています。「大本」という文字は見ての通り3画と5画ですが、緯度の数値に合わせて出口王仁三郎《でぐちおにさぶろう》●5が命名したのだと思われます。

なお、不死の道の中程にある小川富士（正式名は「富士山《ふじやま》」）は、埼玉県小川町にあります。標高183メートル。山頂には「富士仙元大菩薩《ふじせんげんだいぼさつ》」の石碑があります。この石碑は少なくとも3代目のようで、すぐ傍らに割れたりしている古い石碑が立てかけてあります。

おそらく、江戸時代中頃に富士講の信者によって名付けられたのではないかと、私は推測しています。

東京の五色の不動尊

東京には、「一等地」の風水基準があります。ごく少数の人にのみ知られているものの、一般にはまったく認知されていない「秘密」です。それを今から解き

●5 **出口王仁三郎**
でぐちおにさぶろう（1871－1948）。大本教の教祖のひとり。京都府亀岡市の農家の長男として生まれる。職業を転々としたのち、大本教の創始者出口なおの娘・澄子の婿となり、出口王仁三郎と改名、なおと協力して教団の発展に努めたが、2度の弾圧を受け7年近くも投獄された。戦後、愛善苑として教団を再建した。

明かしてみましょう。

まず、高級住宅地として有名な、東京の目白と目黒。

目白は、田中元首相の大邸宅や、皇族御用達の学習院大学で有名です。

目黒は、東京23区のひとつにもなっているのでこちらはちょっと広くて、東大駒場から自由が丘まで入りますが、やはり東京でも有数の高級住宅地です。

目白と目黒……こうして並べてみると、白と黒で対応しているので、本書の読者にはもうおわかりかもしれません。

風水の五行思想に基づいて、東京には五色の不動尊●6が設けられています。目白《めじろ》不動尊、目黒《めぐろ》不動尊、目赤《めあか》不動尊、目青《めあお》不動尊、目黄《めき》不動尊の五色不動《ごしきふどう》です。

五色不動は、実際に目に色がある訳ではなく、そのように呼称されているというものです。それでももちろん、勝手に名乗っているわけではありません。江戸・東京にはほかにも不動尊を祀っている寺社は数多く、もし恣意的に名乗れる

●6
不動尊
不動明王の尊称。密教の明王であり、密教の根本神である大日如来の化身ともいわれる。すべての悪と煩悩をおさえ、生あるものを救う。忿怒（ふんぬ）相で、右手に悪をたちきる剣を　左手に救済の縄をもち、火炎を背負っている。

ならばむやみやたらに五色不動尊が増えたはずですが、決してそうはなりませんでした。

これには「お墨付き」があります。

おおむね共通するのは2点、3代将軍・徳川家光の指定によるという点と、密教寺院（天台宗と真言宗）であるということです。

そしてそういうことならば、家光の後見人でもあり、天台密教僧である天海の影がその背後に当然浮かんできます。

五色不動の所在地は、五色＝五行の方位に合致していませんが（青＝東、赤＝南、黄＝中、白＝西、黒＝北）、別の理由から重要な霊的ポイントとして位置付けられたものです。

もともと江戸の街区の設計は独特の螺旋形で、街並みも京都や奈良のような方形にはなっていませんからね。五色不動はこの螺旋上に置かれています。

その第一が目黒不動です。目黒不動尊のある一帯は、富士山からの「気」の通り道に当たります。

江戸・東京の祖山である富士山の気の流れは強力で、丹沢の龍脈を経て江戸へ真っ直ぐに入りこんできます。その恩恵で目黒界隈は大いに栄え、五色不動の一番最初の指定となったものです。

目白不動尊は、もとは文京区関口にありました。

椿山荘、ホテル・フォーシーズンズの東南に接しています。

しかし戦災で移転して、現在は学習院の東側にあります。静かで落ち着いた良い気をたたえています。

目赤不動尊は、文京区本駒込にあります。

町内には大寺院・吉祥寺[●7]や都立駒込病院もありますが、なんといっても六義園《りくぎえん》[●8]

●7
吉祥寺
太田道灌が江戸城築城の際に井戸を掘ったところ、「吉祥増上」の刻印が出てきたため、現在の和田倉門のあたりに「吉祥庵」を建てたのが始まりといわれる。のち徳川家康の関東入府にともなって駿河台に移り、明暦の大火で焼失し現在地に移転。なお、武蔵野市吉祥寺の地名は、明暦の大火で当寺の門前町の住民が住居を失い、五日市街道沿いの現在地に移住し、開墾したことに由来する。

●8
六義園
徳川5代将軍・綱吉の側用人だった柳沢吉保が、自らの下屋敷として造営が良い気をたたえる第一でしょう。その気に保証されて、園の南側には文京グリーンコート（もと理化学研究所）や、日本医師会、東洋文庫が並んでいます。園の西側一帯が大和郷《やまとむら》と呼ばれる超級の高級住宅地であることは明治時代から広く知られています。

目青不動尊は、231ページの表のように3度移転しています。江戸時代は麻布谷町にありましたが、ここには現在、六本木ヒルズが建っています。その後、明治に南青山に移り、現在は世田谷区太子堂（三軒茶屋）にあります。いずれも富士山からの龍脈の通り道（経絡）に当たります。

なお、目青不動尊にはほかにも候補地があります。ひとつは薬研堀不動尊（中央区東日本橋）、江戸三大不動尊[9]のひとつとして有名ですね。

もうひとつは、深川不動尊（江東区富岡）。現在は成田山新勝寺の東京別院となっていますが、もとは富岡八幡の別当寺[10]・永代寺でした。門前仲町はこの永代

した大名庭園。加賀藩の旧下屋敷跡地を綱吉から拝領し、7年の歳月をかけて回遊式築山泉水庭園を完成させた。「六義園」の名称は、紀貫之が『古今和歌集』の序文に書いた「六義」（むくさ）という和歌の六つの基調を表す語に由来する。

[9] **江戸三大不動尊**
目黒不動尊（目黒区）、目白不動尊（豊島区）、薬研堀不動尊（中央区）の3つ。

[10] **別当寺**
神社を管理するために置かれた寺のこと。神前読経など神社の祭祀を仏式で行い、その主催者を別当（社僧の長のこと）と呼んだことから、別当のい

寺の門前のことです。

目黄不動は依然として不詳のようで、「五色」の整合を論拠に明治以降、数カ所誕生しています。

表には江戸川区平井と、台東区三ノ輪を載せましたが、浅草寺の勝蔵院不動堂も目黄不動と称された記録があります（明暦不動から転じたかも）。

いずれも由緒は不明ですが、風水上の共通点があります。それは、3カ所とも残念ながら龍穴ではないということです。

そこで私の仮説ですが、「黄色＝中心」という五行の意味から、目黄不動は江戸の中心である江戸城の域内に設けられて公表されなかったのではないでしょうか。論理的には「本丸」こそが目黄不動の安置には最適です。

もしそうだとすれば、表の江戸時代のところは「なし」としていますが、「江戸城本丸」ということになりますね。

る寺を別当寺と称した。神宮寺、神護寺、宮寺なども同義。神仏習合の時代から明治維新に至るまでは、神社で最も権力があったのは別当であり、宮司はその下に置かれた。

五色不動比較表

五色不動	江戸	明治	現在
目黒不動尊	目黒区下目黒3丁目 天台宗瀧泉寺（寛永寺の末寺）		
	目黒区下目黒		
目白不動尊	文京区関口2丁目（真言宗新長谷寺） 昭和20年5月の戦災により焼失		豊島区高田2丁目 （真言宗金乗院慈眼寺）
	椿山荘の東側		学習院の東側
目赤不動尊	文京区本駒込4丁目 不動堂		文京区本駒込1丁目 天台宗東朝院南谷寺
	動坂上=都立駒込病院の東側		吉祥寺の西側
目青不動尊	麻布谷町 観行寺	青山南町 教学院	世田谷区太子堂 天台宗最勝寺 教学院
	六本木ヒルズ	港区南青山2丁目=青山霊園	三軒茶屋=昭和女子大の西側
目黄不動尊	なし	墨田区東駒形 天台宗　東栄寺	江戸川区平井 天台宗　最勝寺
		台東区三ノ輪　天台宗　永久寺	

東京の一等地はこれら不動尊の周辺ということがわかります。不動尊のある場所はもともと龍穴の場所であり、龍穴周辺は生命力を増強するといわれています。龍穴というパワースポットに建っているのが不動尊なんですね。現代ではわかりにくくなっている東京のパワースポットを見つけるには江戸時代の町つくりを調べていくとわかりやすいかもしれません。

〈パワースポット・龍穴〉

風水では龍穴を囲む地域を明堂《めいどう》と呼び、これが好適地のことです。本来は政治の拠点を設置する場所ですが、企業の本社や学校を設けるのに適した場所でもあります。東京は皇居を中心に、南・西・北に好適地が散在します（東にはありません。埋め立て地ですから）。

そして、龍穴周辺では生命力を増強し、男児が産まれやすく、教育や文化を育み、企業の活力を高めます。

「五色不動」も、実は龍脈が走って龍穴となっている地に、元々は設けられたものなのです。

元の龍穴が移動したり、地理地形に変化があって古くからの龍穴が失われたりしたものもありますし、また後世の社会的な事情で移転したもの、しかし移転した地も別の龍穴であったりもしています。

しかしその所在地は、やはり新旧ともに優れた地であることに本質的な変化はありません。先にも述べましたが比較表に表記した現在地を見てください。いずれも、東京の一等地です。これは偶然ではありません。人々は必然的にこれらの地域を求めるのです。

ただし、不動尊が設置されている場所そのものは（＝ピン・ポイント）、一般の人の住まいには適当ではありません。そこは、あくまでも「鎮護」の押さえです。神社や寺院が建っている場所が、住まいには適当ではないのと同様です。

適地はその周囲にあります。たとえば、ここからわかるのは、現在の一等地は目黒区中目黒、文京区目白台、文京区本駒込、世田谷区三軒茶屋、などになるということです。

いずれにしても東京では、良い不動産は、お不動サンのあるところ、ということになりますね！

繰り返しますが、五色不動を選定したのは家光です。

家康を日光へ改葬して、日光東照宮を建設したのも家光です。

その日光東照宮は、本殿の真上に北極星を望むように建設されていて、つまり、北極星を拝むように造られているのです。鳥居・陽明門、本殿の中心を結ぶと、その先に北極星（北辰）が現れます。

もちろんその反対側をまっすぐ南へ向かえば江戸城です。

これらは、家光の強い意向があって建設されたものでしょう。

もともとの発想は家康ですが、それを家光は継承したのです。天海の死に際して、これを日光に埋葬すると決めたのも家光でした。

つまり、**江戸風水は、家康から始まり、家光によって完成された**と言えるかもしれませんね。

鹿鳴館… ジョサイア・コンドルがデザイン
今日も混んどるのかねえ

東京時代1明治

鹿鳴館の魔術

ジョサイア・コンドルがデザインした洋風文化

（建築史のターニング・ポイント）

鹿鳴館《ろくめいかん》●1——この魅惑的な響きを秘めた洋館が解体されたのは昭和15（1940）年のこと。つまり、意外と最近のことなんですよね。三島由紀夫の戯曲『鹿鳴館』が、舞台だけでなく映画、テレビなどであまりにもたくさん上演されているために、なにやら伝説的建築の代表のようになっていますが、昭和になるまで残っていたのです。

しかも実は、その残滓は今も残っています（階段と壁紙は東京大学工学部建築学科に、シャンデリアは江戸川区の燈明寺に）。

もともとは皇居の真向かい、現在の帝国ホテルの隣にありました（旧・大和生命ビル）。

ありし日のその姿は、もはや写真でしか見ることができないので残念ですが、

●1 **鹿鳴館**
鹿鳴館という名前は中井弘により『詩経』の鹿鳴詩「鹿鳴キ、群臣嘉賓燕スルナリ」にちなんで命名された。

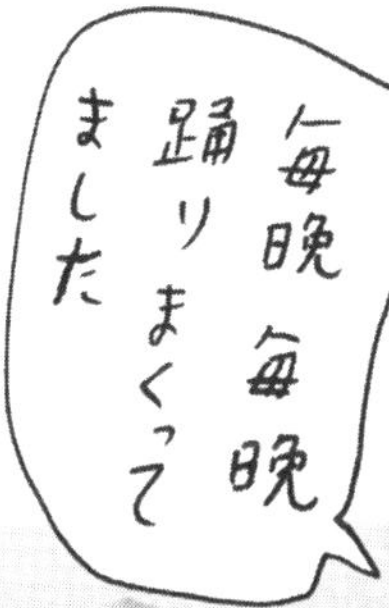

鹿鳴館

建物は煉瓦造り２階建てで１階に大食堂、談話室、書籍室など、２階が舞踏室で３室開け放つと100坪ほどの広間になったそうです。さらにバーやビリヤードも設備されていました。建築家の谷口吉郎は鹿鳴館が取り壊される様子を山手線の車中から見て残念に思ったことが、後年「博物館明治村」の構想につながったといいます。※この写真は『東京景色写真版』より。

この堂々たる西洋建築が忽然と現れた時の当時の人々の驚きは想像を絶するものがあったでしょう。

なにしろ明治16（1883）年のことですから、まだ風景は江戸の町そのままで、目に付く建物といえば神社仏閣と吉原の大店くらいです。江戸城の一部が焼け残っていたものの、建築様式はほかと同じく木造瓦屋根の延長線上にあります。

鹿鳴館はその正面に向かい合うように日比谷の地に落成したのです。有名な〝鹿鳴館時代〟の幕開けです。

以後、日夜ここを拠点に華やかな舞踏会や園遊会が催され、近代日本は西欧化の道を突き進むのです。

鹿鳴館を造り、外国貴賓の接待のために夜会を開くという発想は、当時の外務卿・井上馨《かおる》●2が不平等条約改正のために思いついたものでした。見かけが西洋になれば、国際的にも対等になれるだろうとのアサハカな目論見です。

●2
井上馨
いのうえかおる（1836–1915）。長州藩の武士の家に生まれる。幕末に藩命により「長州ファイブ」のひとりとして伊藤博文らとイギリスに密航して留学。帰国後は木戸孝允らと薩長連合に奔走する。維新後は新政府参与となり外交や財政を担当し、のち伊藤内閣の外相・内相・蔵相を務めた。

結果的に本来の目的は達成されずに失敗に終わるのですが、この象徴的な建物が明治期の急激な西欧化の起爆剤になったことは間違いありません。実際には4年間くらいしか機能しなかったものの、きわめて強烈な印象を人々の記憶に残して、日本の文化史、とりわけ建築史において重要なターニング・ポイントになっています。

この記念碑的西洋建築を設計したのはジョサイア・コンドル●3＝Josiah Conderというイギリス人建築家でした（Conderを当時はコンドル、またはコンデルとオランダ読みしており、そのまま現在に至っている）。

コンドルについては読者の皆さんほとんどご存じないと思いますが、実は**私たちがすっかり馴染んでいる西洋風住宅は彼に始まる**のです。藤森照信氏（建築史家）は、「明治の東京はコンドルが建てた」とさえ言っています。

それほどに評価されている主な作品を見てみましょうか。現存するものだけで

●3
ジョサイア・コンドル
1852－1920。イギリスの建築家。明治時代にお雇い外国人として来日し、新政府関連の建物の設計を手がけた。また工部大学校（現・東京大学工学部）の教授として多くの日本人建築家を育成し、明治以後の日本建築界の基礎を築いた。日本女性を妻とし、日本文化にも大いに親しみ、日本で生涯を終えた。

も驚くばかりですよ。

▼古河虎之助男爵邸（旧・古河庭園、現・大谷美術館／北区西ヶ原）
▼綱町三井倶楽部（港区三田）
▼ニコライ堂（千代田区神田駿河台）
▼岩崎久弥茅町本邸（旧・岩崎庭園／台東区池之端）
▼岩崎弥之助高輪邸（現・三菱開東閣／港区高輪）
▼島津侯爵邸（現・清泉女子大学本館／品川区東五反田）

いずれも重要文化財に指定されています。

ほかの失われてしまったものでも、鹿鳴館をはじめ、帝室博物館（現・東京国立博物館／上野）や丸の内ビジネス街・三菱一号館など、70棟以上に上ります。

ジョサイア・コンドル像

東京大学工学部の庭園にはコンドルの銅像が建っています。コンドルの死後３年経った1923年に建立。業績をたたえるプレートには「わが国の建築学に確固たる出発点を与えたことは不滅の業績といえる」と記されています。東京大学の構内には偉大な業績を残した様々な人たちの銅像があります。それらを見て歩くのも楽しいですよ。

しかもさらに重要なことは、コンドルは、これらの建築と並行して、日本人建築家の育成をおこなったのです。そもそも明治政府の招請によってコンドルが来日したのは、工部大学校（現・東大工学部）の教授としてでした。いわゆる「お雇い外国人」の一人として、ですね。

明治10（1877）年から約8年間、建築学の唯一人の教授として、できたばかりの大学に勤務して、その後の日本の建築家の文字どおり源流となったのです。直弟子たちの活躍を一望するだけで、その果たした役割の大きさがわかります。現代に直結する偉大な日本人建築家のすべてが顔を揃えると言ってもいいくらいです。

辰野金吾＝東京駅、日銀本店、ほか
片山東熊《とうくま》＝赤坂離宮、京都国立博物館、奈良国立博物館、ほか
曽禰達蔵＝慶応図書館、神戸三菱、ほか
ほかにも河合浩蔵や滝大吉、妻木頼黄《よりなか》など、明治の建築家はすべてコンドルに

教えを受けているのです。いずれも高名な建築家で、特に作品はまだ現存もしていますから、私たちの記憶にも鮮やかですよね。

そしてもちろん、現代建築の大家たちも、その多くがこれらの直弟子たちの系譜に連なっています。コンドルの存在がいかに大きいものかわかりますね。

呪術ポイントに建つコンドルの建築物

コンドルの弟子たちは、その後留学したり独自に知識を得たりしてそれぞれの建築観を獲得していきますが、コンドルのオリジナリティーは実は不思議なところにありました。

私たちが暮らしている現代の住居は、俗に〝和洋折衷〟としていますが、その〝洋〟については建築史的にはきわめて曖昧なものです。

西洋建築の様式は、実際には様々あって、これらはそれぞれ完成された様式であるがゆえに、厳然と区別されています。たとえばゴシックやチューダー、ルネッサンス、バロック等々、建築様式は、すなわち〝目で見る歴史〟ですね。

ところが、コンドルの建築は独特の折衷様式でした。

母国イギリスの様式も取りこんではいましたが、顕著な特徴は「インド・イスラム様式」とでも言うべきものです。これは「日本に最も相応しい西洋建築」を追求した結果、彼が到達したひとつの結論でした。

しかしこの不思議な折衷思想こそは、一貫する日本の建築様式、すなわち**特定の様式にこだわらず、何でも取り入れて融合してしまう民族的本質**を見抜いたものかもしれないのです。

日本への建築技術の移入はむろん明治だけではありません。これよりはるか以前に、唐や朝鮮の様式が仏教建築として移入されていますが、私たち現代人に身近なものはなんといっても明治以後の洋風建築でしょう。いまや「ツーバイ[4]

●4
ツーバイフォー
木構造の建築構造のひとつである木造枠組壁構法のこと。下枠・縦枠・上枠などの主要な部分が2インチ×4インチサイズの構造用製材で構成されることから、2×4(ツーバイフォー)工法と通称される。開拓者が自ら作るためのキットハウスが原形で、19世紀に北米で生まれ、その後アメリカ全土に普及した。欧米では標準的な木造住宅の構法で、日本でも1974年に三井ホームによりもたらされ、その後、数多く建築されるようになった。

フォー」という言葉もすっかりお馴染みで、洋間がまったくない住居は、むしろ珍しいくらいになっていますね（むしろ和室のない家が過半ですよね）。しかしそれらも純粋の様式ではありません。カナダや北欧、あるいはアーリーアメリカンなどの様式が取りこまれて折衷されたものなのです。

コンドルが見抜いた特性はますます渾然となって、新しい鹿鳴館を生み出しているのかもしれませんね。

ちなみに、私が住んでいる所はマンションという呼び名のコンクリート製アパートですが、玄関で靴を脱いで入るようになっています。

でもこれ、日本ならではの風習なんですよね。欧米で家に入る時に靴を脱ぐ習慣はありません。つまり、家屋の構造やデザインそのものが、靴脱ぎを前提に造られているのが日本の住居建築なのです（ホテルや病院などは、そのまま入れますが、私が子供の頃はどちらも靴を脱いで上がっていました！）。

さて、コンドルが洋館を建築したのは上野山、本郷台、駿河台、丸の内、日比谷、御殿山などですが、ここは、江戸時代からの風水＝呪術ポイントです。徳川は、ここに一族の屋敷を配置することで、江戸を完全に押さえていました。

その事実を知っていた岩倉具視[5]は、倒幕派（明治新政府軍）に風水戦略を授けました。江戸の町を焼き払い、ポイントになる場所を占有する戦略です。

明治新政府が最強の都を建設しようとしていた証しです。破壊し尽くして廃墟化した江戸こそは、それを実現するには格好の舞台であったのです。なにしろ、好きなところに好きなものを造ることができるのですから。

これらの**風水ポイントを押さえることによって、明治政府は徳川に代わって、即座に東京のあるじとなった**のですよね。

そしてその実態は三井・三菱を筆頭とする財閥です。コンドルは、財閥の日本支配計画に利用された（あるいは加担した）ということになるでしょうか。

イギリス人の建築家が風水をどの程度研究していたか不明ですが、来日してか

[5] **岩倉具視**
いわくらともみ（1825－1883）。公卿の堀川家に生まれ、のちに岩倉家の養子となる。公武合体を唱え和宮降嫁をすすめ、のちに大久保利通らと王政復古を画策。明治新政府の中心的人物となり、参与・大納言等を歴任し廃藩置県を断行。条約改正交渉と米欧視察のため特命全権大使として外国を巡回（岩倉使節団）。明治憲法の制定に尽力した。

ら見聞する機会は少なからずあったと思われます。コンドルは浮世絵も描いており、河《かわ》鍋《なべ》暁《きょう》斎《さい》[●6]に師事して暁英《きょうえい》と号していたくらいです。建築家としては、風水地図に触れる機会も少なくなかったと思われます。

西郷と勝の会談により江戸城総攻撃は中止となり、江戸の町が焦土と化すのは避けられましたが、彰義隊[●7]の上野戦争などもあり、江戸の町はあちこちで破壊されました。

焼き払われた江戸の町は、愛宕山あたりから眺めると、さぞ見晴らしが良かったことでしょうし、都市設計にはもってこいの状態になっていたことでしょう。

鉄道と道路という新たな風水システム

さて、すでに紹介したように、対数螺旋の水路こそは、江戸の一大発展の原理でした。

●6 **河鍋暁斎**
かわなべきょうさい（1831－1889）。茨城県古河市生まれの浮世絵師、日本画家。反骨精神の持ち主で、多くの戯画や風刺画を残した。狩野派の流れを受けているが他の流派や画法も取り入れ、自ら「画鬼」と称した。コンドルとの交流は深く、イギリスの暁斎を意味する「暁英」の号を与えた。コンドルの手を取りながら逝去したという。

●7 **彰義隊**
1868年、徳川慶喜の警護と江戸市中を巡回警備する目的で旧幕臣を中心に結成。江戸開城後も徹底抗戦を唱え、寛永寺の輪王寺宮能久（よしひ

ただ残念ながら、現在の東京はこの形状をとどめていません。濠《ほり》はあちこちで埋められて寸断されて、皇居の周囲を除けば、あとはコマ切れの溜め池にすぎない状態です。

「内堀」「外堀」などという呼び名が現代において定着しているのは、このせいもあるでしょう。現在の東京都内の地図を眺めても、もはや「螺旋水路」を見てとることは困難です。

それでは、「螺旋水路」の失われた東京は、弱体化しているのでしょうか。

ところが現代の東京は、あらゆる意味で最高度に発展したのを裏付けるように、風水もより強力になっているのです。その根拠は何か？

実は、**「鉄道」と「道路」が水路に替わってその役割を果たしている**のです。

かつて水路は、都市の経営にとって重要な機能の最たるものでした。とくに江戸と大坂は、基幹交通路として活用され、平時は経済活動の動脈として、また非

さ）親王を擁して上野に立てこもるが明治新政府の総攻撃を受けて壊滅（上野戦争）。一部は榎本武揚と旧幕府の軍艦で逃亡、箱館戦争に参加した。上野公園に慰霊碑がある。

常時は防衛線となっていたのです。

しかし時代は急激に変化しました。それにともなって水路の役割もまったく変わりました。

鉄道が発達してまず物資の運送運搬機能が取って代わられ、さらに道路と各種車輌の急速な発達は、水路をほとんど無用のものと化したのです。

これは、利用活用する主体の変化ともリンクしています。水路は徳川幕府が発展するために必要でしたが、明治政府（とりわけ財閥）が発展するには徳川の水路では用が足りなかったのです。

存在意義が希薄になれば、風水の意義も希薄となります。それが人工施設の宿命です。

もともと存在する大自然の「四神」は、人間社会がいかに変化しようとも基本的には不動です。しかし四神相応の整合を図るために人工的に整備造作されたものは、環境が変わって意義に異動があれば当然変わるものです。

たとえば京都の鴨川の意義が希薄となったのも時代の変化、社会の変化のゆえでした。鴨川という青龍が土木工事によって建設されたのは、時代が求めていたからでもあって、したがって時代が移り変わればその価値も変わります。鴨川は、基幹水路から、無用のどぶ川時代を経て、現代では飾りものの観光資源となったのです。

東京の隅田川も同様です。荒川から分流して、江戸の発展のために人工的に造ったところなどは、鴨川そっくりですね。

でも、水路はもはや流通運搬の第一ではないのです。その必要性において、新たな道路（車道）に及ばないことはもちろんですが、鉄道にさえもはるかに後塵を拝するものでしょう。

ヴェネツィアのような水上都市であるならいざ知らず、現代の東京にとって水路はもはや補助的な機能でしかないのです。

そして、より大きな経絡《けいらく》（風水の気の通り道のこと）に、より強い「気」が集まり伝わるのは基本原理です。したがって、**今最も強い「気」は、最も大きな幹線道路や幹線鉄道によって導かれている**ということになります。

おそらく、これを読んでいる読者の中でも、近年、東京の水路を使ったことのある人はきわめて少数でしょう。屋形船で宴会をしたことがあるくらいではないですか？　なにしろ私もそうですからね！

東京には「環状線」と称されている鉄道と道路が建設され、それらは今もなお生長し続けています。これこそは、新たな螺旋経絡です。

そして関東・東京のそれは、ひたすら丸の内界隈を目指すようデザインされているのです。

螺旋の手法は、このように姿を変えて現代にも引き継がれて、私たちの身近にも新たな風水として存在しています。

「環状7号線」いわゆる「カンナナ」は耳にお馴染みですが、皆さんはそのほかには環状何号線を知っていますか？

「カンロク」は、通称「山の手通り」ですね。環七ほどではないですが、ご存知の人もすくなくないでしょう。

それでは「カンパチ」は？　寿司ネタみたいですが、ようやく平成18（2006）年に開通しました。

この辺りは、だいたい一般的に知られていますが、実は環状線は1号から8号まであります。また、「3環状」といって、圏央道（首都圏中央連絡自動車道）」、「外環（東京外かく環状道路）」、「中央環状（首都高速中央環状線）」の3つがあって、首都高はそのうちの1つです。中心部から放射状に通る道と、螺旋状に通る道を組み合わせたものです。

これを「3環状9放射」といって、昭和38（1963）年から建設されています。そして完成するのが2024年というわけです。

なんと、60年もかかる大事業なのです！

徳川家康の時代であれば、信長が好んで舞った能楽にあるように「人生五十年」ですから、とてつもなく長いですよね。しかも、現代は、はるかに土木技術は進歩していますから、とんでもない大計画だとおわかりいただけますよね。

そしてこの計画は、いわば天海＝家康の螺旋水路構想を、さらに大きく複雑に発展させたものです。根幹の思想としては、同じ方向なのです。

この計画の元の立案者こそは、岩倉具視だろうと、私は考えています。

三菱がおこなった三井の「風水断ち」

しかもその建設過程で、天海もびっくりの、ある政策が実行されました。

それは、三菱[8]による、三井[9]の「風水断ち」です。

その成果はみごとに的中し、三井グループはひたすら弱体化することになりました。

●8 **三菱**
土佐出身の岩崎弥太郎が創立した三菱商会を基盤にして明治政府の保護も得て海運業を独占して発展。1893年に三菱合資会社を設立し、これを持株会社として造船業・鉱業・鉄道・貿易などあらゆる分野に進出した。三菱財閥は三井や住友とともに三大財閥だが、三井や住友が300年以上の歴史を持つ旧家なのに対して、三菱は明治期に政商として巨万の利益を得て発展したという違いがある。

●9 **三井**
1673年に伊勢松坂出身の三井高利が江戸に出て日本橋に越後屋三井呉

すでに延宝元（1673）年には、江戸本町一丁目（中央区日本橋本町）に越後屋（現在の日本橋三越）を開店して、以来明治に入っても盤石の三井に対して、三菱は新興です。

その三菱が新たに入手した丸の内地区は、見渡す限りの荒地でした。将来ここに東京駅や丸ビル、日本銀行などが林立するなどと、誰が考えたでしょう。成り上がりの三菱財閥だからこそ、発想できたのかもしれませんね。

しかしそこから東京近代化の大計画は始まります。明治時代は、いわば三井と三菱を筆頭とする財閥の形成期であり、競争期でもありました。その中で、三井と三菱が突出していき、最終的にはこの両者の対決となります。そして――。

三菱がおこなった効果的かつ決定的な風水断ちとは何か？

ここで読者に質問です。

東京の日本橋◉10に行ったことはありますか？

服店（三越）を創業したことに始まる。その後、両替商としても成功し幕府御用商人となり豪商となる。明治維新後も政府と関係を深め政商として発展した。

◉10 **日本橋**
1603年に架けられて、翌年、全国里程の原点と定められ、東海道をはじめとする五街道の起点となった。現在も日本国道路元標が橋のたもとにある。現在の橋梁は19代目か20代目にあたり、1911年に完成。橋柱の銘板にある「日本橋」の揮毫は徳川慶喜のもの。

地区地域のことではなく、まさに「橋」としての日本橋ですよ。

一度でも行ったことのある人は、あのあまりにも情けない姿を忘れることができないはずです。

日本の街道の原点、名にしおう日本橋。――それなのに、頭のすぐ上に、まるで押さえつけるように首都高速道路が走っています。

これでは**日本橋の運気は殺された**も同然です。

読者のなかには、きっと三井グループの方もおられることでしょう。これは、あくまでも「私の説」です。それ以上でも以下でもありません。

しかし説を唱えた以上は「解決の法」も示すのが、この道のならいです。さて、日本橋問題の解決法は何か。そう、あの高速道路を日本橋の上から撤去すれば良いのです。

最近、その開発計画がようやく端緒についたようで、それによれば、「首都高を日本橋の下へ」持っていくそうです。

橋の下は「川」ですけど、さらにその下にトンネルを掘って、新たな首都高を通そうという構想です。江戸幕府が建造した大規模水路の、さらにその下にトンネルを通すとは、驚きです。江戸風水では考えもつかなかったことでしょう。というか、それだけの技術もなかったでしょうけど。

ちなみに日本橋の下を流れている川は「日本橋川」といいます。一級河川なのですが、きっと読者の誰も聞いたこともないでしょう（私も今回、地図で確認するまで名称を知りませんでした）。神田川の分流として、江戸時代初期に造られた水路で、最終的には隅田川へ注ぎます。

現在、日本橋川の上は、ほとんど首都高が通っています。新たに土地を手配する必要がないから、そうなったとされています。日中でも暗い、日陰者の川なのです。かわいそうにね！

三菱にとっては、日本橋はどうでもよかったのです。むしろ、日本橋に象徴される江戸のにぎわいなどは、潰れてほしかったのでしょう。

そして丸の内には東京駅という、新たに日本橋に代わる、流通の拠点が造られます。

水運から鉄道へ。さらには、環状道路によって陸運へ。これが、三菱の必勝戦略なのです。


その後の三菱グループの発展は、皆さんご存知の通りです。戦後のＧＨＱによる財閥解体を経ても、三菱のみはさらに確実に発展し、創業家以来の家訓である「三菱は国家なり」を体現しています。

首都高を日本橋の下を通すには、試算では５０００億円かかるそうです。でもきっと実現するでしょう。三井住友銀行がついてますからね！

なにしろかつてなら、三井が住友と合体するなどと誰が考えたでしょう。でも、それが現実になりました。そして、それによって新たな三井グループの反転攻勢が始まったのです。

日本橋、京橋、八重洲、丸の内、大手町、日比谷——コンドル先生に由来する洋館建築は、次々に超高層ビルに建て替えられるでしょう。

現在の日本橋も、その独特の装飾から重要文化財になっていますが、装飾顧問はコンドルの弟子・妻木頼黄です。首都高を地下に移設するという再開発構想は莫大な費用がかかることから、この計画に反対し、首都高ではなく、「橋を移せ」と言ったのは、元知事の石原慎太郎です。しかし知事も代わりました。これがどうなるのか、見ものですね！

東京中枢部は、風水戦争の新たなラウンドに突入です。日本橋問題は、その象徴です。

東京時代②大正
現代の奇跡
民衆が産み出した明治神宮の森

大名屋敷の庭園の「気」がいい理由

都会でマンション生活をしていると、ひときわ〝緑〟が恋しくなります。なので、ついついベランダ菜園や盆栽、鉢植えに手を出すことになりますよね（年寄りだけかな？）。

それでも東京は意外に緑の多い街で、とりわけ中心部に皇居と明治神宮という巨大な森を保有しているのは、環境保持への抑止力として大きいですね。

ほかにも六義園《りくぎえん》、小石川植物園、上野公園、新宿御苑、浜離宮、庭園美術館など、数万坪規模の大きな庭園が点在している環境は、世界の大都市の中でも貴重な部類でしょう。

これらの庭園のほとんどは元は大名の屋敷跡なのですが、その後も保存されてメンテナンスが行き届いた結果、いまや立派な〝森〟になっています。

おかげで、東京人は格好のリフレッシュ・エリアを得ることができたというわけです。休日ともなれば、どこの庭園も散策する人たちで賑わっていますが、ニューヨークだとセントラルパークだけが果たしている役割を、東京はいくつもの庭園が複合的に担っています。

大名屋敷は、その主なものは江戸時代初期に設けられたものですが、選定は専属の陰陽師に委託されました。その結果、**有力大名の上屋敷は「龍穴」もしくはその周辺**となっています。大地のエネルギーの吹き出し口ですね。

だから、そのエリアは、散歩するだけで、良い気をふんだんに浴びることができるのです（単純に、気持ちいいですよね！）。

『新世界「下町」の誕生』の章でもちょっと紹介しましたが、大名屋敷というのは、各藩の藩邸の上屋敷・下屋敷・蔵屋敷であったものをいいます。ですから、石高の大きい藩は、それに比例して屋敷の規模も大きいのは当然です。

とくに「雄藩」といわれる大大名は、競って「気」のすぐれた土地を確保したので、屋敷跡を観れば当時の力関係がよくわかります。

もちろん、現在の皇居である江戸城を屋敷にしていた徳川家がダントツのパワーであることは言うまでもありません。２番目は東大の敷地を上屋敷にしていた加賀藩主の前田家ということになりますよね（薩長土肥のいずれでもないのは意外ですか？）。

都内の庭園では皇居と明治神宮が双璧ですが、この両者は実は成り立ちはまるで違います。

皇居は太田道灌が選定して以来、約５５０年（１４５７年に築城）もの間、武家によって大事に育まれてきた大名庭園です。江戸は、この場所から開かれたと言っても過言ではありません。広大な庭園は、徳川将軍家が育んできたものです。

とくに戦後は、昭和天皇のご意志により、あえて新たな人手を加えず、自然のままにゆだねたことから〝原始返り〟して、ひときわ神韻縹渺《しんいんひょうびょう》たる森となっています。

明治神宮第二鳥居

写真の第二鳥居は木造の明神鳥居としては日本一の大きさ。この鳥居は台湾産のヒノキでしかも2代目なんです。大正9年に完成した初代鳥居は昭和41年に雷が落ちて破損。老朽化もあり立て直しを検討しますが日本にはこのような立派な鳥居が作れるほどのヒノキはありませんでした。そこで台湾で再び探しだし、山奥から現地の人の助けも借りて苦労の末に運び出されたのです。樹齢1500年を超える巨木で再建されたこの鳥居にはたくさんの人の思いが込められています。

これに対して明治神宮は、誕生した時は、実はほぼ人工の雑木林にすぎませんでした。土地は、彦根藩・井伊家の下屋敷になっていましたが、放置されて荒れ地状態でした。

それを国民からの要望によって御料地とし、あらためて開拓し、植林し、造成したものです。1本1本の樹木も、造成のための労力も、建設資金も、ほぼすべてが国民からの寄進によっています。つまり、**国民の総意によって創り上げられたもの**なのです。

それからまもなく100年目（1920年創建）になりますが、「落ち葉1枚でも持ち出してはならない」という決まり事を守り続けて、いまや、さながら太古の原生林を想わせる様子になっています。

東京の真ん中にあるのが信じられないほどの素晴らしい森で、新緑の季節ともなれば、木漏れ日と相俟って、訪う人たちの心身を甦生させることでしょう。

家庭で樹木を育てる意味

家庭でも、環境が許せば、ぜひ樹木を植えたいものですね。「木」は「気」に通じるとされていて、五行（木火土金水）の第一です。これを大切にすることで、良い循環がおこなわれます。

もちろん家庭で〝森〟を造るのは不可能と思いますが、一戸建てで少しでも「庭」と呼べる土のスペースがあるならば、ぜひ若木を植えてください。その家に暮らしながら、年々大きく成長していく樹木の姿を目にすることは、大地のエネルギーを受けることです。

日本には、子供が生まれると、その年に「その子の木」として若木を庭に植える、という習慣が古くからあります。会津地方や北関東では、娘であれば桐《きり》か欅《けやき》を植えて、その子が結婚する際にその木で箪笥《たんす》を造って嫁入り道具のひとつとして持たせてやる、という古くからのならわしがあるのです。

幼い頃から共に成長してきた樹木を、新たに形を変えて永く身近で親しめるようにという意味もあるでしょう。**産土《うぶすな》の大地の養分を吸収し、陽光を浴び、雨に洗われて育った樹木は、まさにその地の「気」を体現しています。しかも子供の成長を見守るという役目を担うことで、その木には土地の精霊《スピリッツ》が宿ります。**だから、婚礼家具は外材で造られたものでは本来の意味がないということなのです。

どうぞ、ぜひとも生まれ育った土地の木材か、せめて国産の木材で造られたものを選んでください。


家の庭に緑樹があると、季節がめぐって、青葉や若葉が陽光に輝くのを目にするだけでも気持ちを和らげます。また、雨が降っても青葉を濡らす様を眺めれば、きっと「雨も良いもの」と思えるはずです。日本家屋はその様子に親しむことができるように造られてきました。

たとえば「垣根《かきね》」がそうですね。土塀や築地塀《ついじべい》は、城郭や武家屋敷などの「戦闘」を意識した建築から発生したものですが、それよりはるかに古い成り立ちのものに垣根があります。

「垣」の「根」というくらいですから、根を張った植物を垣とすることだろうと想像がつくでしょう。切り出した木材や竹材で造られたものもいつの間にか垣根というようになっていますが、正しくは「根」があるものをいいます。

とくに根のある樹木を植えて垣根にしたものを「生け垣」といいます。**生きて成長を続ける樹木は、悪気や凶気を跳ね返す力がある**とされています。たとえば墓地の隣に家があっても、高さ2メートルほどの生け垣をその境に設けると、庭に良い気が保たれます。古くからの生活の心得です。

また、生け垣で囲まれた家・土地は、一種の結界になって、家内安全を保ちます。生け垣の良さを最近の日本人は忘れかけていますが、近年では「生け垣条例」を制定して奨励している市町村も増えてきました（小布施市、新宮市など）。

生け垣に良いとされる植物は、楠《くすのき》、椿《つばき》、榊《さかき》、正木《まさき》、柊《ひいらぎ》、スダジイなどです。明治神宮の森も、これらの植物で構成されています。境内を散策すれば、すぐに目に入ると思います。いずれも照葉樹と分類される植物で、文字通り葉の表面が照るようにつやつやしている常緑樹のことです。

日本では温暖で多雨な地方に自生しており、古代からその一帯は人々の生活域になっていました。今では山は人工植林した杉ばかりになってしまいましたが、かろうじて宮崎県や四国、紀伊半島、南房総などに残っています。

ちなみに、神社の鎮守の森は、本来は照葉樹林のことなのです。生け垣は、鎮守の森の親戚筋だと思えばわかりやすいかもしれません。

緑なす里山の風景は、日本の原風景ですが、これも照葉樹林が母胎になっています。

アニメ映画『隣のトトロ』は狭山丘陵（埼玉県と東京都の県境）の里山が舞台になっているそうですが、サツキとメイの家のすぐそばにたたずむ巨木（トトロの木）は、まさに家の守護神になっていますね。あれも楠《くすのき》かスダジイなのです。

宮崎駿監督は、巨樹巨木がお好きなようで、その作品にはしばしば登場しますが、『天空の城ラピュタ』の巨樹もたぶん同じ樹木ですし、『もののけ姫』の森は照葉樹林だろうと思われます。日本の原風景を象徴的に描くには、それが不可欠ということですね。

そして、照葉樹林こそは「鎮守の杜」の本来の形です。日本列島では、房総半島あたりが北限とされていますが、明治神宮の広大な森は、榊を中心とした照葉樹で構成されています。

いかがですか？　東京の真ん中で、森を散策しませんか？

小石川植物園や新宿御苑、そして明治神宮などの照葉樹林の中を歩くと、もしかすると縄文人の気分になれるかもしれませんよ。

人は死ぬと神になる

ところで明治神宮は、明治天皇[1]と昭憲皇太后《しょうけんこうたいごう》[2]を祭神としています。

つまり、記紀神話に登場するような古代の神様ではなく、ついこの間まで生きて活躍しておられた御方を神様として祀っています。この神社には、ほかに祀られている神はありません。

本章の前半で紹介したように、創建されたのは大正9（1920）年ですから、まだ100年経っていません。

しかしその鬱蒼とした杜《もり》は、まさに古代のたたずまいですよね。

明治天皇は慶応3（1867）年、日本国家の歴史的非常事態のただ中に即位しました。御年16歳のことです。

これより西郷隆盛[3]や山岡鉄舟[4]らの薫陶も得て、維新完遂から新たな時代を拓き、

●1 **明治天皇**
第122代天皇。父は第121代孝明天皇。諱は睦人（むつひと）。1852－1912。1867年に満14歳で即位。大政奉還により王政復古の大号令を発し、翌年に五箇条の御誓文を宣布。東京に遷都。軍人勅諭・大日本帝国憲法・教育勅語の発布などを通して近代天皇制国家を確立した。和歌を好み約10万首の御製を残した。

●2 **昭憲皇太后**
明治天皇の皇后。1849－1914。左大臣・一条忠香の三女。旧名は一条美子（はるこ）。女子教育や慈善事業の発展に貢献した。

「聖上」とまで呼ばれた天皇です。

[5]王政復古の大号令は、[6]神武創業のはじめにかえって、[7]天《あま》つ神《かみ》・国《くに》つ神《かみ》、そして歴代天皇の大御心《おおみこころ》を蘇らせる試みです。

そこで神祇官を復活し、徳川の治世下におろそかにされた祭祀をこそ国の基《もとい》とすることによって、再び日本民族のまことを蘇らせようとの理念です。

そのこころは、帝国憲法・皇室典範・教育勅語等々の精神として打ち出されたとされています。

ちなみに私は、**日本神話に登場する神々は基本的にすべて実在した**と考えています。神としてではなく、人として実在したという意味です。

アマテラスもスサノヲも、そういう人物がかつて実在していて、亡くなると神になり、崇められるようになったと考えています。

私は神職（いわゆる神主）でもあるので、そういう立場の人間がこういう主張

[3] **西郷隆盛**
さいごうたかもり（1828－1877）。薩摩藩の下級藩士の出身。島津斉彬（なりあきら）に重用され国事に奔走。2度の島流しを経て藩政に復帰すると倒幕運動の指導者となり、薩長同盟に尽力。戊辰戦争では大総督府参謀として征東軍を指揮。江戸城を無血開城させた。維新後も新政府で中心的役割を果たすが朝鮮をめぐる政策が受け入れられず、「明治六年政変」で下野。その後、西南戦争に敗れて城山で自刃した。死後、賊軍の将として遇されたが、西郷の人柄を愛した明治天皇の意向もあり、大日本帝国憲法発布に伴う大赦で赦

をおこなうのは不謹慎であるという人もいるかもしれません。しかしそうではないのです。

神道では、人は死ぬと神になります。あなたも私も、死後は神として祀られます。死の瞬間まで用いていた名前の後に「命《みこと》」を付して、その時から神となります。以後は、永遠にその家系・子孫の守護神となるのです。

仏教で死ぬと「仏《ほとけ》」になるのと考え方としては同様です。ただし、その「神」や「仏」という概念が何を意味するかは人によって様々な見解があるでしょう。

神道では、すべての人間が神からの命令、すなわち「みこと（御言）」を受けた者であり、それをおこなう者、「みこともち」であるとするのです。死して「命」の尊称が付されるのは、神上がりしたとの考え方から来ているとされます。つまり、神になる、あるいは神に還るということです。

だから、軍人・政治家でもあった東郷平八郎[8]も乃木希典《まれすけ》[9]も、死後は神として神社に祀られました。お二方の、どちらも明治天皇と深く関わる人物であったのは

され、正三位を追贈された。大久保利通、木戸孝允とともに明治維新の三傑と称される。

●4 **山岡鉄舟**
やまおかてっしゅう（1836－1888）。江戸末期から明治の剣術家・政治家。通称、鉄太郎。江戸の旗本の家に生まれ、剣を北辰一刀流の千葉周作に、槍を刃心流の山岡静山に学び、山岡家を継ぐ。戊辰戦争の際、勝海舟の使者として西郷隆盛を説き、西郷・勝の会談を実現させて江戸城の無血開城を導いた。明治維新後、西郷の依頼により明治天皇の侍従となる。勝海舟、高橋泥舟とともに幕末の三舟と称される。

旧乃木邸

乃木希典と静子夫人を祀る乃木神社は大正12年に乃木邸の隣地に創建されました。境内には乃木将軍を教育した玉木文之進とその甥の吉田松陰を祀る正松神社もあります。旧乃木邸は遺言により当時の東京市へ寄贈されました。そこには母屋や馬小屋が当時の姿のまま残っています。写真は母屋の前に建つ辻占売り少年の銅像で、乃木将軍の心温まるエピソードを今に伝えています。乃木坂という地名は乃木将軍の葬儀の際にもともとの幽霊坂という名前から改名されたものです。

奇縁というものでしょうか。

しかも偶然にも、東郷神社は明治神宮のすぐそばに創建されました（渋谷区神宮前／明治神宮とは原宿駅を挟んで東側のお膝元）。

乃木神社は、生前の自宅跡に創建されましたが（港区赤坂）、新たな明治天皇のお住まいともいえる明治神宮がほど近い場所に創建されると誰が想像したでしょう（3キロメートルほどの道のりですから、徒歩圏です）。

なお、彼らのような一部の偉人は、多くの崇敬者によって祀るための神社が創建されますが、それ以外の人々も各家々の祖霊舎などに合祀されます。そして以後、永遠に祖先神として子孫を守護する神となります。これが神道の考え方なのです。

「氏神《うじがみ》」は、かつてそのようにして神となった氏族の祖先のことです。

●5
王政復古の大号令
徳川慶喜の大政奉還を受けて1968年に出された新政府の宣言。江戸幕府を廃絶、摂政・関白等の廃止と三職の設置による新政府の樹立などを諸大名や庶民に宣言した。

●6
神武
初代天皇。天照大御神の孫であるニニギノミコトの曾孫。日向国で生まれ45歳で東征を始める。大和を平定して紀元前660年、橿原宮（かしはらのみや）で即位したと伝えられる。

●7
天つ神・国つ神
天照大御神などがいる高天原の神やそこから天下

なぜ明治神宮は特別な場所なのか

繰り返しますが、神道では人が死ぬと神になります。

すなわち、神は生前に人であったのです。

この論理を、神によって区別する理由はありません。あるいは「天神は特別」と詭弁を弄してはならないでしょう。同じ神を「天」と「地」とに分けたのは（天《てん》神《じん》地《ち》祇《ぎ》）、まさに特別感を意図的に醸成しようとしたものであるでしょう（あるいは、現実世界の上下関係を、神話世界に持ちこんだもの／天神は皇室につらなる者で弥生人、地祇は土着の豪族につらなる者で縄文人というとらえ方などもあります）。

そういった神話の構造は、その頃の社会的な関係性や力学を物語るものではあっても、神道信仰の本質ではないのです。

前提として、神は平等に神であるはずで、死した人が神として祀られたもので

った神を「天つ神」、オオクニメシなど天孫降臨以前から地上を治めていたとされる土着の神を「国つ神」という。天つ神を「天神」、国つ神を「地祇」といい、天神地祇とはあらゆる神々のことをいう。

●8
東郷平八郎 とうごうへいはちろう（1848－1934）。薩摩藩士の家に生まれる。薩英戦争ののちに薩摩藩の海軍に入り、維新後はイギリスに留学。連合艦隊司令長官として日露戦争を迎え、日本海海戦でロシアのバルチック艦隊を壊滅し世界的な名声を得る。後年、東宮御学問所総裁として昭和天皇の教育に尽力した。

あるはずです。だから、神話の神々はかつて実在した人であるとするのです。

これは、私が神道人であるからこそ言えることでもあります。もし「神々は実在しなかった」と言う人がいるならば、その人こそはむしろ神道人ではないと言うべきでしょう。日本人でないとは言いませんが、少なくとも神道人ではない。**日本民族は、仏教が渡来するはるか以前から祖先を神として祀り、その守護を祈る暮らしを続けている**のです。全国に遍在する無数の神社こそはその証しです。

なお、神道には「自然信仰」という側面があって、山や川、湖、樹木、岩などの自然物、あるいは光や風といった自然現象をも神として信仰します。

しかしそれらの神も、元は人であって、その遺徳や霊威をそれぞれの自然現象と関連づけて一体化したものと私は考えています（雷神と菅原道真の一体化のように）。しばしば言われるような「自然現象を擬人化した」ものではなく、人を自然現象に関連付けたものと考えています。

●9
乃木希典
のぎまれすけ（1849－1912）。長州藩の支藩である長府藩の藩士の家に生まれる。元服したのち、吉田松陰を育てた玉木文之進に教育を受ける。戊辰戦争、西南戦争に従軍。歩兵第一旅団長、台湾総督を経て、日露戦争に第三軍司令官として、旅順を攻略。明治天皇の信任が厚く、昭和天皇の教育のため学習院院長に任じられた。明治天皇大葬の日、静子夫人とともに殉死。

ただしこの考え方は、わが国の神話についてのみの感想です。他国の神話は必ずしもそうではないでしょう。最初から超越的存在、すなわち創世神（GOD）として創造された場合もあるでしょうし、人類の想像力の産物として様々な潤色もおこなわれてきたでしょう。

日本でも、仏教が輸入されて、いわゆる神仏習合が始まってからは、本地垂迹《ほんじすいじゃく》説《せつ》（仏が神の姿になって日本には現れたとする説）などにも見られるように、後付で「新しい神話（縁起）」が様々に創造されました。神社の祭神についての由緒や伝承は、この際に膨らませたものが少なくないのです。

なので、仏教色を取り除くと本来の姿が見えてくるというケースもしばしば見受けられます。これもまた、神道や神社を誤解させる要因のひとつとなっているのです。

その誤解を解消する方法は、古来の信仰の姿、本来の信仰対象に寄り添うことです。

そのひとつが「鎮守の杜」です。

昔々の日本人、つまり私たちの祖先たちが崇敬していたのは、山（カンナビ）や森（ヒモロギ）でした。

いつか遠い将来、何らかの理由で、明治神宮の由来がわからなくなってしまうことがあったとしても、この森を見れば、そこが特別の場所であったことは必ずわかるでしょう。

それほどに神韻縹渺とした佇まいの森になっているのです。

東京時代3昭和

ミカドの庭

昭和天皇の遺産となったサンクチュアリ

皇位継承の儀式と三種の神器

わが国の究極の宝物である三種の神器が、今上《きんじょう》天皇（在位中の天皇をこう呼びます）に、皇居の中でどのように承継されたのか紹介しましょう。

まず、天皇が崩御《ほうぎょ》すると、皇太子が践祚《せんそ》します（崩御とは天皇が亡くなられること、そして践祚とは、没後に皇太子が皇位につくこと）。これがすべての始まりです。践祚は譲位《じょうい》と区別しますが、戦後に制定された皇室典範●1では譲位の定めはなく践祚のみでした（なお「践祚」という言葉も現在の皇室典範では使わなくなっています）。

戦前の大日本帝国憲法の旧皇室典範には、「天皇が崩御された時は、皇太子が践祚し皇祖代々の神器を継承する」と明記されていました。

ところが現在の日本国憲法・皇室典範においては神器の継承については明文化されていません。「即位する」とあるのみです。

●1 **皇室典範**
１９４７年に制定された、皇室制度の基本を定めた法律。皇位継承、皇族の範囲、摂政、成年・敬称・即位の礼、皇族が結婚する時の手続き、皇籍離脱、皇室会議の仕組みなどについて定めている。１８８９年に制定された旧皇室典範は憲法と並ぶ最高法で、その制定や改正には国民や帝国議会は一切関与できないものとされた。新皇室典範は名称をそのまま残したが、神道的儀礼部分を削除して簡素化され、普通の法律と同じく国家の統制が及ぶことになった。

これは、何かと問題になる「政教分離」の原則によって、「神器」は「祭祀器具」であって、皇室祭祀、神道祭祀と不可分の関係にあるためということになっているからです。祭祀に関する事柄はすべて「天皇の私事」ということになるので、皇室典範には記されていません。切り離せるはずのないものを、無理矢理に分離しているのが現状なのです。

このような対応は、昭和天皇の葬儀においてもおこなわれました。すなわち神道儀礼によって斎行される「斂葬《れんそう》の儀」と、特定の宗教によらない「大喪の礼」とに、途中で区切りを付けたのです。

昭和64年1月7日、藤森昭一宮内庁長官により政府発表がありました。

「天皇陛下におかせられましては、本日、午前6時33分、吹上御所において崩御あらせられました。」

これによって日本全土が喪に服しました。

それまで長く病臥されていたこともあって、日本列島はその事実を淡々と受け止めました。テレビはCMをすべて控え、ほぼすべてのチャンネルが皇室関連の特番に差し替えられました。アナウンサーもゲストコメンテーターも全員が喪服で出演しました。

同日午前10時1分、皇居正殿・松の間において、皇位継承の儀式「剣璽《けんじ》等承継の儀」がおこなわれ、皇太子明仁《あきひと》親王殿下が天皇にご即位されました。先帝崩御からわずか3時間半の後のことです（理論上は崩御と同時に践祚はおこなわれます）。儀式の様子は、史上初めてテレビと新聞を通じて公開されました。

剣璽等承継の儀とは、旧皇室令（登極令）の「剣璽渡御《けんじとぎょ》の儀」に相当するもので、皇室典範で定められた「即位の礼」の一環としてただちにおこなわれるものです。

式には、首相、衆参両院議長、最高裁長官の三権の長と、全閣僚などが国民の代表として参列。喪服姿の新天皇陛下は、宮内庁長官らの先導で皇族を従えてお出ましになり、陛下が参列者と向き合う形で正面の席につかれ、承継がおこなわれます。

皇位の証である三種の神器のうち、文字通り〈剣〉と〈玉〉の二種を引き継ぐものです。また「等」とは天皇の国事行為に使われる「天皇御璽《ぎょじ》」と「大日本国璽」の印2つを新天皇が受け継ぐ国家儀式です（「璽《じ》」とは印章のこと。璽を八尺瓊勾玉と混同する例を見かけますが、それは誤りです）。

同じ時刻、宮中三殿●2では、即位に伴う皇室行事「賢所《けんしょ》の儀」と「皇霊殿・神殿奉告の儀」が掌典長によっておこなわれます。

その後、「即位礼当日賢所大前の儀」がおこなわれました。天皇は帛御袍《はくのごほう》の装束で、剣璽とともに即位を奉告。こちらもテレビ等で放映されたので、国民は初めて目にすることとなりました（ただしカメラは社殿の中に入れないので、陛下

●2 **宮中三殿**
皇居にある、賢所、皇霊殿、神殿の総称。

の御昇殿の様子を外から映すもので、内部での次第を見ることはできません）。

賢所の儀は新天皇によりさらに2日目がおこなわれ、これをもって賢所に御神体として祀られているもうひとつの三種の神器・八咫鏡《やたのかがみ》（の分身）も承継されます。

ここに新天皇は正しく即位されました。

天皇たるものは、三種の神器を受け継いで初めて天皇となり、三種の神器が鎮座し、天皇の玉座のある場所が御所であり、御所の所在する地が日本の都です。これが、日本国の大原則です。したがって日本の現在の都は東京であって、ほかに都はありません。

同日午後2時10分に臨時閣議を招集して新元号を決定し、2時36分、内閣官房長官・小渕恵三により記者会見にて新元号「平成」が発表されました。

しかし……。

「天皇御璽」の印影

大きさは３寸(約9.09㎝)四方で、国璽印もほぼ同じ。

宮中三殿御図

宮中三殿御図(『宮中三殿御図並三大祭典御図』より)

これまでわが国で用いられた元号は２４８に及びますが、すべて「漢語」であって、漢籍とくに『史記』や『書経』に出典を求めてきています。**２４８にも及ぶ歴代の元号に「和語」すなわち「やまとことば」はひとつもない**のです。

新元号の決定にいたるプロセスは公開されませんでしたが、元号決定に関わった者は罪が重いと言わざるを得ないでしょう。

翌平成2年1月、竹下登（改元時の首相）氏が講演で、「平成」は陽明学者・安岡正篤[3]の案であると述べていますが、それを採用した竹下内閣は誤りを犯したのです。記・紀・万葉の研究者や神道学者はほかに少なからずいるにもかかわらず、中国思想の研究者に立案させたのはまったくのお門違いというものでしょう。

ちなみに「元号をやまとことばにせよ」というのが私の持論です。『古事記』や『万葉集』に典拠の、美しくも意義深いやまとことばはいくらでもあります。もともと漢籍に頼らなければならない理由はまったくないのです。

[3] **安岡正篤**
やすおかまさひろ（1898－1983）。大阪出身。東京帝大卒。当時流行していた大正デモクラシーに対して伝統的日本主義を主張。東洋思想の研究と後進の育成に努める。終戦時の「玉音放送」原稿の添削をした。歴代首相や政財官界のトップに信奉された。

同月19日午前11時、新天皇陛下が首相らにお言葉を述べる「即位後朝見の儀」が、国の儀式として正殿・松の間で365人参列のもとにおこなわれました。

ただし、周知の通り〈鏡〉と〈剣〉は宮中祭祀用の「分身」です。「本体」はそれぞれ伊勢と熱田の神宮に御神体として鎮座しています。したがって機を見てその2社へは即位奉告の参拝をおこないます。特に伊勢は皇室にとって第一の宗廟ですから、なによりもまず奉告しなければなりません。

千代田区千代田1番1号

以上が昭和から平成に代わる時の、宮中での出来事です。日本では、時代の転換は千代田区千代田1番1号の皇居でおこなわれるのです。陛下の御所は、その中の「吹上」にあるところから「吹上御所」と呼称します。

「吹上」とは、大地のエネルギーが「吹き上がる」場所ですね。きっと、風水に基づいているのでしょう。

ところで昭和天皇は「三種の神器」を護るために、吹上御所で終戦の決断をしたと伝えられます。

「当時私の決心は第一に、このままでは日本民族は亡びてしまふ、私は赤子《せきし》を保護する事が出来ない。第二には国体護持の事で木戸（内大臣）も同意見であったが、敵が伊勢湾附近に上陸すれば伊勢熱田両神宮は直ちに敵の制圧下に入り、神器の移動の余裕はなく、その確保の見こみが立たない、これでは国体護持は難しい、故にこの際、私の一身は犠牲にしても講和をせねばならぬと思つた。」（『昭和天皇独白録』八月九日深夜の最高戦争指導会議）

昭和天皇は「赤子（国民）」と「神器」を守るために御身を差し出す決意をしたのです。講和を受諾すれば、天皇という立場から無事では済まないであろうことは、イタリア、ドイツの例を見れば明らかでした。

この発言があったのは8月9日ですから、3日前には広島に原爆が投下されており、この日の午前11時には長崎にも原爆が投下されていました。

すでに皇居も、繰り返しおこなわれた爆撃によってほとんど焼け落ちています。

ちなみに「皇居は爆撃されなかった」という伝説がありますが、あれはまったくの誤りです。ＮＨＫの記者であった秋山久氏はこう記しています。

「東京を空襲する米軍機のパイロットたちは、上官が『皇居は狙うな』と言っても皇居を格好の標的としていたという証言があるように、皇居は再三にわたって激しい爆撃を受けた。」

当時の小倉侍従長の日記には、昭和20（１９４５）年に入ると、空襲の被害が次第に大きくなり、皇居の大半が焼けた、とあります。

2月25日（日）女官の住まい半焼、主馬寮など消失。大宮御所、秩父宮御殿などに爆弾落下。

4月13日（金）宮城御所など焼失。賢所参集所、賢所仮殿、御羽車舎、進修館等消失。

5月25日（金）大火となり、三十三人死亡。宮城表奥御殿、大宮御所、東宮御所、青山御殿、秩父宮、三笠宮、伏見宮、閑院宮、梨本宮、霞ヶ関離宮等、炎上。宮城は正殿屋根裏に火を発し、大火。皇后宮御殿の裏庭にも同様発火、表宮殿より延焼の為、御静養室を残し木造部分全焼。大小二十七棟の宮殿は、四時間近く燃え続けて焼け落ちた。

これらの記録だけでも損害の大きさがわかりますが、そんな状況でも第二期庁舎は延焼を免れ、終戦の玉音《ぎょくおん》放送●4（玉音とは、天皇の肉声のこと）はここで録音されたものです。

●4 **玉音放送**
1945年8月15日正午におこなわれた、太平洋戦争終結を国民に知らせるラジオ放送。前日の14日に御前会議でポツダム宣言受諾が決定され、天皇自ら終結詔書の録音をおこなった。詔書は内閣書記官・迫水久常から依頼された川田瑞穂が草案を作成し、大東亜省顧問・安岡正篤が校閲した。

皇居には防空壕が設けられ、終戦までの2年間ほどは陛下はそこで執務もおこない、暮らしてもいたそうです。天皇皇后両陛下の寝室を始め、皇族御休息所、食堂、侍従室、女官室、風呂などがあったそうです。屋根は1トン爆弾に耐えるよう、コンクリート1メートルの上に砂1メートル、さらにその上にコンクリート1メートルで計3メートルの厚さです。しかし換気設備がほとんどなく、決して快適な空間ではなかったようです。これが、いわゆる「御文庫」です。

終戦前年の11月以降、東京は１０６回もの空襲を受け、特に年が明けてからの5回は大規模な無差別爆撃でした。被災者は１００万人を超え、死者は12万人以上とされています。同一地域の空襲では世界最大の被害です。

このような状況の中で昭和天皇は、時の内大臣・木戸幸一にこう言ったと伝わっています。

「伊勢と熱田の神器は結局自分の身近に移して御守りするのが一番良いと思ふ……万一の場合には自分が御守りして運命を共にするほかないと思ふ」（『木戸幸

一日記』）

この発言が7月31日のことですから、先の「私の一身は犠牲にして」発言までの数日間にさらに情勢は逼迫したのでしょう。

そして8月15日、玉音放送が発せられました。その録音は「御文庫」でおこなわれました。そしてレコードを日本放送協会へ運んで放送したのです。

天皇はみずからの声で、日本はポツダム宣言を受諾して、無条件降伏すると、国民に伝えたのです。

宮中三殿に祀られているもの

そんな皇居の森の奥深くに、築地塀に囲まれて宮中三殿が現在も変わらずに鎮座しています。夜間はもちろん、昼間でも警備の皇宮護衛官を除けば誰かがたまたま通りかかるということのない禁足のエリアです。

ただ、毎朝一度、今上陛下ご自身が参拝に訪れることになっています（しかし近年多くは侍従が代参）。

三殿は、向かって右から神殿《しんでん》、賢所《かしこどころ》、皇霊殿《こうれいでん》となっており、すべて檜の白木造りです。ただ、屋根は当初檜皮葺《ひわだぶ》きであったものが、防火のためとして銅板葺きに換えられてしまっています。明治38（1905）年のことです。

神殿は「八百万の神々」を祀り、皇霊殿は「歴代天皇と皇族」を祀り、中央の賢所に「天照大御神《あまてらすおおみかみ》」を祀ります。そして賢所にはアマテラスの御霊代・御神体として八咫鏡の分身が祀られています。**しかし、なぜか二座、祀られています**（※詳細は拙著『三種の神器』をご覧ください）。

皇宮警察はいざという時のために避難訓練をおこなっていますが、その防備の対象の最たるものは実は「三種の神器」です。今上陛下ご自身、つまり「玉体」という生身の陛下は二の次になっています。それほどに大事なものなのです。

また、「三種」の中でも賢所の御神体は最優先です。ただ、それが二座あり、しかも各200キログラムあると知る者は多くないでしょう。いざという時には、若き皇宮護衛官が一座につき6人がかりで運ぶことになっているそうです。

賢所を中心とする宮中三殿は、掌典《しょうてん》と呼ばれる男性職と、内掌典《ないしょうてん》と呼ばれる女性職が奉職しています。これらを総称して掌典職といいますが、とくに内掌典という女性スタッフは古式のままに神事に仕えていて、二十四時間体制で奉仕し続けています。

現在は4年交替に変えられたようですが、それまでは終身務める例も多く、57年間務め上げた女性の手記（聞き書き）はその様子を知る上で貴重な証言ですね（『宮中賢所物語』高浜朝子）。髪型・服装から言葉遣いや日々の決まり事など、平安時代の宮中さながらで、「消えずの灯明」とともに守られてきたのは驚くべきことです。

賢所は原則として天皇・皇后、皇太子・皇太子妃、および掌典・内掌典以外は入ることができません。

伊勢の神宮は皇大神宮《こうたい》すなわち内宮《ないくう》と、豊受《とようけ》大神宮すなわち外宮《げくう》とからなりますが、神器である八咫鏡を御神体とするのは皇大神宮です。つまり賢所は、皇大神宮そのものであるという位置付けです。そして八咫鏡の形代《かたしろ》は、賢所内の一ノ御座に鎮座しています。

なお、宮中祭祀は、公務ではありません。戦後の新憲法で「政教分離」という原則を採用したために、公務という扱いができなくなってしまったのです。

それでは何なのかといえば、「天皇の私事」なのです。私事だから、おおやけにすることはなく、また、それに携わる者たちも宮内庁の職員ではなく、天皇の私的使用人という奇妙なことになっています。

掌典職というのは、

「国家行政機関たる宮内庁の組織とは別の内廷の組織で，皇室の祭祀のことをつかさどっています。掌典長の統括の下に掌典次長・掌典・内掌典などが置かれています。」

と、宮内庁は説明しています。

しかし名称は、戦前の宮内省掌典職時代となんら変わらぬままに、位置付けと処遇のみが変わったのです。宮内庁職員つまり国家公務員ではなくなり、内廷職員という私的存在になったというわけですね。

皇居というサンクチュアリ

すでに本書でもいろいろ紹介したように、現在の皇居は、元々は武家の居城として建設されたものです。江戸氏と太田氏が江戸城として開き、そして徳川氏が約260年間ここを拠点として整備し、その後の明治元（1868）年より現在に至るまでの約150年間が皇居となります。

現在の皇居には石垣や堀割などの基礎建築を除けば、武家時代の面影はほとんど残っていませんが、その分皇居となってから整備され維持されてきた空間世界が、外の影響をほとんど受けることなく保たれています。私たち一般国民は見聞する機会がなかなかありませんので、可能な範囲でここに紹介してみましょう。

天皇皇后の居住する吹上御苑は、面積約41万平方メートル（12万4000坪）に及ぶ、皇居全体の3分の1を占める天皇のプライベート・エリアです。ちょっと不謹慎かもしれませんが、ほかの都内の施設と比べてみるとわかりやすいかもしれません。東京ドームが4万7000平方メートルですから、つまり9個ほど収まる広さです。これが、いわば「自宅の敷地」というわけです。日本国の君主としての威儀を保つのに相応しい規模の宮殿ですね。

かつてはこの中に9ホールのゴルフ・コースもありました。しかし昭和天皇のご意志で昭和12（1937）年から手入れは一切禁止されました。そのためフェアウェイもすべて短期間で野草に被われて、**今はすっかり武蔵野の原野**に戻っています。

ほとんど誰も入ることのない奥深くは、まるで奥秩父の谷間や森の様相となっているそうです。なので、吹上御苑はもはや庭園ではなく、坂東の林野そのものであるかもしれません。勤労奉仕[5]に参加すると、けっこう奥深くに入る機会がありますから、一度は参加することをおすすめします。

都心の、これだけの面積が自然のままの植物叢を保持しているというのは、奇跡に近いともいわれています。鬱蒼《うっそう》とした櫟《くぬぎ》や楓《かえで》、欅《けやき》などの樹木は、わかっているだけでも400種近くに及んでいて、野鳥も渡り鳥や鳥も含めて100種近いというのですから、本当に原野のようです。

もしかすると、1万年前の縄文時代には、千代田区あたりは本当にこうだったのかもしれません。植物はもちろん、鳥や動物も、当時そのままに復活したのか

●5
勤労奉仕
皇居と赤坂御用地での除草、清掃、庭園作業。希望者によって連続する平日の4日間で行われる。15人以上60人以下の団体で申し込みが可能。期間中に天皇皇后両陛下による「ご会釈」を受けることができる。

もしれませんね。
東京という世界的大都市の真ん中にありながら、動植物にとってのサンクチュアリ（聖域・自然保護区）になっているのは、さしずめ、昭和天皇の偉大なるご功績のひとつでしょう。

明治神宮の森も同時代に誕生しているのは、東京という町の誕生に大きな意味がありそうです。成り立ちはまったく違いますが、現在の姿はとても似ています。明治神宮の森は、百年計画で完璧な鎮守の森を造るという壮大な実験に取り組んだものですが、もはや成功は誰の目にも明らかでしょう。

もともと日本人は里山を造る能力に長けていて、これはそのひとつの成果なのかもしれません。森林は、破壊するのはたやすいですが、創造するのはなかなか難しいものですから。創造された「ミカドの森」を、明治神宮の森とともに、私たちの世代の奇跡の遺産として大切にしたいですね。

東京1万年年表

時代		西暦
縄文時代	草創期	BC13000～BC10000
	早期	BC10000～BC5000
	前期	BC5000～BC3500
	中期	BC3500～BC2500
	後期	BC2500～BC1300
	晩期	BC1300～BC800
弥生時代		BC800～200年頃
古墳時代		200年頃～600年頃
飛鳥時代		600年頃～710年
奈良時代		710年～794年
平安時代		794年～1185年
鎌倉時代		1185年～1333年
室町～戦国時代		1336年～1573年

西暦	出来事
	日本列島が大陸から離れる
	縄文海進・稲作（陸稲）が伝わる
	三内丸山遺跡
	稲作（水稲）が伝わる
146年～189年	倭国大乱
239年	卑弥呼が魏から親魏倭王の称号と金印を受ける
3世紀後半	大和朝廷が国内統一
5世紀後半	稲荷山古墳造営
628年	浅草の檜前兄弟が隅田川で観音像を拾う（浅草寺のはじまり）
7世紀末～8世紀	キトラ古墳造営
702年	江戸神社創建
710年	平城京遷都
784年	勝道が日光開山
794年	平安京遷都
935年～941年	承平天慶の乱（平将門と藤原純友の反乱）
平安時代末	江戸重継が江戸を相続し居館を構える
1180年～1185年	治承・寿永の乱（平家滅亡）
1185年	頼朝が全国に守護・地頭を置く
1199年	頼朝死去。長男頼家が2代将軍となる
1219年	3代将軍実朝が暗殺される
1334年	建武の新政
1336年	足利尊氏が建武式目を制定
1457年	太田道灌、江戸城築城

安土桃山時代 1573年～1603年

江戸時代 1603年～1868年

明治時代 1868年～1912年

大正時代 1912年～1926年

昭和時代 1926年～1989年

平成時代 1989年～2019年

1467年～1477年 応仁の乱。そのまま戦国時代へ突入

1573年 足利義昭が京都から追放され室町幕府が崩壊

1582年 本能寺の変

1590年 徳川家康が関東移封される。江戸へ入府する

1600年 関ヶ原の戦い

1603年 徳川家康、征夷大将軍となる

1616年 徳川家康死去。翌年、日光東照宮創建

1625年 寛永寺創建

1657年 明暦の大火（江戸の6割が消失）

1707年 富士山噴火（宝永大噴火）

1855年 安政江戸地震

1867年 大政奉還

1868年 王政復古の大号令。上野戦争。江戸を東京に改称

1877年 東京大学設立。大森貝塚発見

1884年 弥生式土器発見

1894年 日清戦争

1904年 日露戦争

1912年 乃木希典殉死

1914年～1918年 第一次世界大戦

1923年 関東大震災

1941年～1945年 第二次世界大戦

1958年 東京タワー完成

1964年 東京オリンピック開催

1983年 東京ディズニーランド開園

1991年 バブル崩壊

2012年 東京スカイツリー開業

おわりに

東京の怖い話、いかがでしたか？

住み続けるのが怖くなりましたか?

ちなみに私は、東京暮らしは47年になります

（途中、半年ほど抜けてますが）。

出身は埼玉県ですが、埼玉県に住んでいたのは

18年ですから、もはや東京人でしょう。

なので、直下型の大地震や南海トラフの大地震が、

いつ来るか、いつ来るかと毎日のように

周囲からあおられています。怖いですね〜。

でも、日々の生活は特に変わりません。

というか、なかなか変えられないというのが本当のところでしょうか。

むろん、引っ越しもできません
（引っ越しというのは、たいへんなエネルギーが必要ですよね。
いまのところ、私には、それだけの元気はないようです）。

でも、東京はとても魅力的な街です。
なのに、この本では、怖い秘密ばかり書いてしまいました。
とは言いつつ、ちょっとずつ魅力もほのめかしているって、お気づきですか？
怖い東京の奥底には、魅力的な東京が潜んでいるのです。
だから次は、それでもなお、皆さんが暮らし続けて離れない
「東京の魅力」の真相を解き明かしたいと思います。
東京には、人々を惹き付けてやまない「力」があるのです。
その力の源泉を明らかにしたいと思っています。どうぞ、お楽しみに。

平成三十年　しはつ　戸矢学

※「しはつ」とは「為果つ」という字を充てます。「やるべきことは、やった」という意味です。
師走の本来の表記で、12月という意味です。

東京ミステリー

縄文から現代までの謎解き1万年史

著者　戸矢 学（とや まなぶ）

2019年4月8日　初版発行

発行者　磐﨑文彰
発行所　株式会社かざひの文庫
〒110-0002
東京都台東区上野桜木2-16-21
電話／FAX03(6322)3231
e-mail:company@kazahinobunko.com
http://www.kazahinobunko.com

発売元　太陽出版
〒113-0033
東京都文京区本郷4-1-14
電話03(3814)0471
FAX03(3814)2366
e-mail:info@taiyoshuppan.net
http://www.taiyoshuppan.net

印刷・製本　シナノパブリッシングプレス
イラスト　堀道広
装丁　Better Days（大久保裕文・芳賀あきな）
DTP　KM FACTORY

ISBN978-4-88469-959-8

●主な参考資料

『皇室』「[皇居]大特集」
平成二十一年夏43号

『東京都区部デジタル標高地形図』
国土地理院

『史蹟 将門塚の記』史蹟将門塚保存会

『見沼 その歴史と文化』
浦和市立郷土博物館 さきたま出版会

『鹿鳴館の夢 建築家コンドルと絵師暁英』
鈴木博之・藤森照信監修　INAX

『「東京Deep案内」が選ぶ
首都圏住みたくない街』
逢阪まさよし+DEEP案内編集部
駒草出版

※参照自著
『神道と風水』河出書房新社
『富士山、2200年の秘密』かざひの文庫
『三種の神器』河出書房新社
他

戸矢 学　TOYA MANABU

1953年、埼玉県生まれ。國學院大学文学部神道学科卒。

主著

『アマテラスの二つの墓 東西に封じられた最高神』河出書房新社（2018）
『オオクニヌシ 出雲に封じられた神』河出書房新社（2017）
『深読み古事記』かざひの文庫（2017）
『縄文の神 よみがえる精霊信仰』（2016）
『神道入門』河出書房新社（2016）
『郭璞「風水」の誕生』河出書房新社（2015）
『諏訪の神 封印された縄文の血祭り』河出書房新社（2014）
『富士山、2200年の秘密』かざひの文庫（2014）
『神道と風水』河出書房新社（2013）
『三種の神器〈玉・鏡・剣〉が示す天皇の起源』河出書房新社（2012）
『ニギハヤヒ「先代旧事本紀」から探る物部氏の祖神』河出書房新社（2011）
『ヒルコ 棄てられた謎の神』河出書房新社（2010）
『怨霊の古代史』河出書房新社（2010）
『氏神事典 あなたの神さま・あなたの神社』河出書房新社（2009）
『カリスマのつくり方』PHP研究所（2008）
『天眼 光秀風水綺譚』河出書房新社（2007）
『ツクヨミ・秘された神』河出書房新社（2007）
『陰陽道とは何か』PHP研究所（2006）
『日本風水』木戸出版（2005）
ほか

公式サイト『戸事記』whttp://toyamanabu.jimdo.com/